정말 그렇게 믿습니까?
Renewing Your Mind

●R. C. 스프라울 지음 / ●박이경 옮김

좋은씨앗

Renewing Your Mind

Copyright © 1998 by R. C. Sproul
Originally published in English under the title
Renewing Your Mind : Basic Christian Beliefs You Need to Know
by R. C. Sproul
by Baker Books A division of Baker Book House Company,
Grand Rapids, Michigan, 49516, U. S. A.
All rights reserved.

Translated and used by permission of Baker Book House
through the arrangement of K.C.B.S., Inc.

Korean Copyright © 2000 by Good Seed Publishing Company
Seoul, Korea

정말 그렇게 믿습니까?
Renewing Your Mind

정말 그렇게 믿습니까?

초판 1쇄 인쇄 · 2000년 8월 20일
초판 1쇄 발행 · 2000년 8월 25일
지은이 · R. C. 스프라울
옮긴이 · 박이경
펴낸이 · 이노호
펴낸곳 · 좋은씨앗
출판등록 · 제4-385호(1999. 12. 21)
주소 · 133-071 서울시 성동구 행당동 116-4
　　　전화 (02)2294-0307 / 팩스 (02)2296-2154
　　　　E mail : goodseed@ESF21.com
공급처 · (주)기독교출판유통
　　　　전화 (031)906-9191
　　　　팩스 080-456-2580

ISBN 89 - 89085 - 03 - 9   03230

값 8,000원

□ 잘못된 책은 바꾸어 드립니다.

목차

서문 8

제1장 내면적 고백인가, 외면적 고백인가? 13

제2장 하나님에 대하여 말하기 33

제3장 영적인 유전적 특질 53

제4장 혼돈과 존엄성에 대하여 65

제5장 예수, 그는 누구인가 89

제6장 논쟁 위에 선 동정녀 121

제7장 나를 위해 고난 받으시는 종 137

제8장 무덤 157

제9장 우리를 위해, 그곳에 171

제10장 미래 신학 189

제11장 안으로, 앞으로, 위로 199

제12장 강력한 군대인가, 오합지졸인가? 215

제13장 지금부터 영원까지 승리하는 자들 231

주 253

● 본문에 아래쪽에 나오는 주는 모두 역자 주입니다.

사도신경

전능하사 천지를 만드신
하나님 아버지를 내가 믿사오며,
그 외아들 우리 주 예수 그리스도를 믿사오니,
이는 성령으로 잉태하사
동정녀 마리아에게 나시고
본디오 빌라도에게 고난을 받으사,
십자가에 못박혀 죽으시고,
장사한 지 사흘 만에 죽은 자 가운데서
다시 살아나시며, 하늘에 오르사,
전능하신 하나님 우편에 앉아 계시다가
저리로서 산 자와 죽은 자를 심판하러 오시리라.
성령을 믿사오며,
거룩한 공회와, 성도가 서로 교통하는 것과,
죄를 사하여 주시는 것과,
몸이 다시 사는 것과,
영원히 사는 것을 믿사옵나이다.
아멘.

I believe ...

in God the Father Almighty,

Maker of heaven and earth,

and in Jesus Christ, His only Son, our Lord;

who was

conceived by the Holy Ghost;

born of the Virgin Mary;

suffered under Pontius Pilate;

was crucified, dead, and buried;

He descended into hell;

the third day He arose again from the dead;

He ascended into heaven,

and sits at the right hand of God the Father Almighty;

from whence He shall come to judge the living and the dead.

I believe in ...

the Holy Ghost;

the holy catholic Church;

the communion of saints;

the forgiveness of sins;

the resurrection of the body;

and the life everlasting.

Amen.

서문

우리를 자유롭게 하는 진리

죽어가던 사람들이 현대 의학의 기술 덕분에 신장이나 폐, 심장 등을 이식받아 새 생명을 얻고 있다. 요즘 의학 연구실에서는 쥐에게 송과선(松果腺)*을 이식해 다시 젊어지게 하는 실험을 하고 있는데, 이것은 노화 과정에 영향을 미쳐서 쥐의 기대 수명을 25% 가량 증대시킨다고 한다. 이 실험 결과에 따라 인간의 기대 수명이 115세 이상으로 늘어날 것이라는 추측도 나오고 있다. 이와 같은 근본적인 것들이 변화히면서, 인간의 생명 문제에 있어서 장차 어떤 일이 일어날지 가늠하기 어려운 실정이다.

그러나 새로운 마음보다 더 근본적인 것은 없다. 이것은 뇌의 이식이나 기술적 조치나 생물학적 처리로 얻을 수 없다. 이것은 신학의 문제다. 세상 생각을 따르는 것은 세상 방식이나 구조를 좇아 생각하는 것이다. 변화를 받는다는 것은 세상 방식에서 벗어나 생각한다는 것이다. 그리고

---

*제3 뇌실 후부에 있는 내분비 기관의 하나. 7세까지 발달해 성장을 촉진하다가 차차 사라짐

이러한 변화의 동력이 새로운 마음이다.

새로운 마음은 성령님의 즉각적이고 주권적이며 초자연적인 중생의 사역으로 시작된다. 새로운 마음은 영혼에 대한 성령님의 지속적인 사역과 하나님의 말씀의 공급으로 점점 장성한다. 새로운 마음은 신자를 그리스도의 인격과 부합시킨다. 그리스도의 마음을 갖는다는 것은 곧 그리스도처럼 생각한다는 것이다. 이것은 그리스도가 사랑하는 것을 사랑하고 그리스도가 싫어하는 것을 피하는 것이다.

「정말 그렇게 믿습니까?(Renewing Your Mind)」는 지난번에 썼던 책을 보완하고 개정한 것이다. 처음에 이 책은 「상징(The Symbol)」이라는 제목으로, 두번째는 「크리스천의 삶 기본 바로세우기(Basic Training in the Christian Life)」라는 제목으로 나왔었다. '상징(The Symbol)'이라는 제목은 기독교 신앙의 전통적인 '상징' 곧 사도신경의 개요를 따랐기 때문에 붙여진 것이다.

이 고대의 신경(信經)은 기독교 신앙의 주요 교의들을 요약하고 있고 기독교 사상과 신앙의 본질을 붙들고 있다고 고백하는 교회의 확신을 포함하고 있다. 이 신경은 인생의 기초가 되는 진리, 곧 결코 타협할 수 없는 진리가 있다고 담대하게 선언한다.

속으로 받아들이지 않는 신경은 절대로 입술로 고백할 수 없다. 그러나 일단 속으로 받아들여진 신경은 마음도 사로잡게 된다. 하나님의 말씀에 사로잡힌 마음은 변화되었고 또 변화하고 있는 마음이다. 이것은 새 생명을 낳는 새로운 마음이다. 크리스천이 된다는 것은 믿는 사람이 된다는 것이다. 이 믿음의 내용은 삶의 뿌리를 뒤흔들면서 동시에 자유를 준다. 이것은 우리를 자유롭게 하는 진리다!

R. C. 스프라울(R. C. Sproul)

내가 믿사오며

I believe ...

내면적 고백인가, 외면적 고백인가?

누군가 기독교 신앙을 받아들이고 "내가 믿사오며"라고 확신 있게 말한다면, 그 사람은 참으로 생명에 들어간 것이다. 성경은 이러한 생명을 새로운 것이라고 설명하고 있다.

- 하나님께서는 예레미야와 에스겔에게 "내가 그들 속에 새 신을 주리라"라고 말씀하신다(렘 31:33, 겔 11:19).
- 예수님께서는 하나님 앞에 서려면 "네가 거듭나야 하겠다"고 말씀하신다(요 3:7).
- 사도 바울은 생명을 "새로 지으심을 받은 자"로 설명한다.[1]

이 새 생명은 최신 컴퓨터 소프트웨어보다 더 절실한 것이다. 요한복음 3장에서 예수님께서는 단호한 어조로 이렇게 말씀하신다. "그래, 너는 첫 아이를 품에 안았을 때 새 생명의 의미를 다 배웠다고 생각하느냐? 그 작은 생명체가 영적 출생에 대해 알려주는 정도는 극히 미미할 뿐이다."

새 생명을 받은 후에 그리스도 안의 어린아이는 "내가 믿사오며"라는 말로 생명의 길을 시작한다. 이 길은 예기치 못한 일과 함정이 도사리고 있는 여행이요 모험이다. 고통과 의심과 혼란의 순간들이 불쑥 찾아와 낙담하게 만들기도 한다. 이런 도전이 없으면 크리스천의 삶은 무의미하다. 크리스천의 삶은 재미 있지도 쉽지도 않다.

이것이 삶이다.

이 책은 이러한 삶을 가장 충만하게 살 수 있도록, 우리 생각을 그리스도의 생각에 맞춰 새롭게 할 수 있도록 돕고자 한다. 그리스도 안에서 우리 영혼이 새로 지음을 받으면서 우리의 지성과 감성도 새롭게 지어졌지만 이 일이 모두 완성된 것은 아니다. 우리들 속에는 옛 생각과 세상적인 사고 방식이 여전히 남아 있다. 이것들을 다루기 위해 크리스천의 인생의 은유를 유치원에서 신병 훈련소로 옮길 필요가 있다. 이제 의에 대한 기본 훈련, 곧 신앙 근육을 튼튼하게 단련하는 진리 체조를 시작해보자.

적대적인 세상에 맞서 신앙을 요새화하기

체육관과 체력 단련실을 짓거나, 운동 기구를 들여오거나 헬스 클럽 회원권을 사원들에게 지급하는 회사들이 있다. 몸의 건강은 정신적·정서적 건강에 기여하고 사원들을 좀더 행복하게 하며 생산적으로 만든다. 하나님께서는 크리스천을 세우기 위해 적절한 실전 훈련을 계발하셨다. 믿음 생활은 믿지 않는 세상에서 이루어져야 한다. 따라서 이 세상은 크리스천의 훈련소다. 이것은 고된 처방이다. 그러나 훈련소가 너무 편하면 크리스천들은 자족의 한계를 뛰어넘지 못할 것이다. 적대적인 세상에서 살아야 한다는 굴레는 무엇이 진짜인가를 시험하고 입증한다. 인위적인 것은 그 어느 것도 견디지 못할 것이다.

… 내가 믿사오며

오늘날 "내가 믿사오며"라는 신앙으로 살고 배우는 환경은 힘들기도 하지만 흥미롭기도 하다. 아이언 오크 교회(The Church of the Iron Oak)는 웹(World Wide Web) 상에 마법과 드루이드 교*의 계율들을 믿도록 장려하는 홈페이지를 만들었다.

헤어 크리슈나(Hare Krishna)의 인터넷 홈페이지는 유대교 신자들을 지지하는 동시에 예수님과 사단의 교회(Church of Satan)와 남침례교도(Southern Baptists)들을 지지한다. 보고에 의하면, 하나님이나 신들에 대한 홈페이지 수가 4만 2천 개를 넘는다고 한다. 이것은 4만 6천 개의 성에 대한 홈페이지에 이어 두번째로 높은 수치다.

「타임」지와 CNN의 공동 여론 조사에서, 조사자의 77%는 하나님께서 때로 심각한 질병을 치료하는 데 관여하신다고 생각하는 반면, 신유 기도의 능력을 믿는 비율은 82%나 됐다.

기도에 대한 높은 관심이 보도된 「타임」지의 동일 지면에서, 영화 제작자 마티 카플란(Marty Kaplan)은 유대교에서 무신론으로 갔다가 다시 유대교로 돌아간 자신의 인생 여정을 증언했다. 그것이 편집자의 의도였든지 아니었든지 간에, 믿음에 대한 카플란의 진술을 통해 조사 결과를 대

---

*기독교가 전파되기 이전에 갈리아 지방과 영국에서 고대 켈트족이 믿던 종교

하는 그의 시각을 엿볼 수 있다.

내가 발견한 그 하나님을 모세와 마호메트, 부처와 예수 역시 발견했다. 그 하나님께서는 모든 신비주의 전통에 알려져 있다. 내게 있어 그 하나님께서는 그분을 알고 있는 사람들이 감히 입에도 올리려 하지 않았던 매우 거룩한 그 이름 여호와다. 그 하나님께서는 케벌러(Cabala)*가 Ayin, 무(無, Nothingness), 존재 없음(No-Thingness)이라고 불렀던 바로 그것이다. 그 하나님께서는 영이고 존재이며 모든 것이다. 한때 나는 심령 현상을 뉴에이지 운동의 조작이라고 생각했다. 나는 윤회를 신화라고 생각했고 영혼은 은유일 뿐이라고 생각했다. 이제 나는 하나님이 있다는 사실을 - 바로 이곳에, 부요로운 바로 이 순간에 믿음이 아닌 경험, 곧 무한한 경이로움을 요구하는 나의 하나님이 있다는 사실을 안다.

컴퓨터 칩 신앙

"모든 신이 나의 신"이라는 카플란의 신조를 받아들이는 사람이 많다 하더라도, 모든 사람이 이런 절충주의적인 신학에 선석으로 만족하는 것은 아니다. 믿음의 양면 가치를 인정하는 최근의 기류에는 내력이 있다. 가장 활기찼던 1920년대에 대다수 미국인들은 주일 아침에 교회에 앉아 있는 모습을 보여주고 싶어했다. 1950년대에 이르러 아이젠하워 이미지 곧 백인, 개신교, 중상류층의 도덕적인 안정감을 상징으로 했던 박애의 시대는 종말을 고했다.

---

*유대교의 신비 철학

지식 없는 광적인 신앙은 1960년대의 격변과 개혁 아래 힘없이 무너졌다. 니체의 철학과 허무주의는 도덕성을 잃은 사이비 신앙을 대체했다. 1960년대의 젊은 세대는 250년 동안 이성에 헌신했던 계몽주의 시대, 100년 동안의 회의적인 기독교 시대, 그리고 냉전의 핵 재앙에 대한 두려움 등으로 뒤엉킨 물질주의 초기 단계의 산물이었다. 많은 사람들이 이 모든 것을 거부했다. "허상은 이제 충분하다. 하나님도 무의미하고, 인생도 절망적인 이 세상에서 나는 용감하게 내 길을 걸어갈 것이다. 이제 나의 진리를 뛰어넘는 진리는 존재하지 않는다. 마리화나를 피우자. 사회적 관습일랑 벗어버리자."

이 첫번째 격동의 물결은 1970년대에 출현한 가치와 이상의 대변동의 서곡에 불과했다. 히피 세대는 부지중에 기성 세대의 현실을 수용했고 많은 사람들이 다시 이런저런 신앙을 되찾았지만, 그들의 자녀 세대는 무언가를 믿거나 책임질 준비가 되어 있지 않았다. 하나님이 시대에 뒤떨어진다는 생각은 핵가족의 붕괴 현상과 잘 맞아떨어졌다.

1980년대에 들어, 이전의 거대한 세계가 자멸의 길로 접어들면서 서구인들은 점점 더 냉소적이고 고립적이며 자기 생각에만 골몰하는 방향으로 변해갔다. 1960년대의 이상주의자들은 1980대에 물질주의자들이 되었다. 뇌물 스캔들과 섹스 스캔들이 고고한 종교를 뒤흔들었을 때 충격을 받은 사람은 실제로 별로 없었다. "모든 사람이 자기 나름대로 견해를 가지고 있다. 이제 누구도 더이상 그런 허튼소리를 믿지 않는다."

하나님의 섭리로 중동과 동유럽 지역에서 세계의 열강 구조가 무너지고 있다. 그리고 세계 곳곳에는 속알맹이를 가진 신앙, 즉 부조리에 대한 해답을 갈망하는 사람들이 있다.

바야흐로 새 천년에 들어선 지금, 카플란은 종교에서 등을 돌리고 진리를 주장하는 것에 회의적이며, 신앙이 없어서 두렵고, 희망을 갈망하는 사람들을 향하여 입을 연다. 최근 10년간의 종교는 컴퓨터 칩과 신비주의의 부활 속에서, 다시 말해 '무진장의 경이' 곧 순간의 가상 실재를 추구하는 불합리의 축제 속에서 나타나는 것 같다.

오늘날은 절대적인 진리와 복종의 좁은 길을 주장하는 종교를 제외하면 실제로 모든 종교가 존중받고 인정을 받는다. 감성에 호소하는 신앙의 시대는 끝났다. 불길한 기운이 문화 전반을 감싸고 있다. 이런 분위기 속에서 인류는 숨죽인 기대와 열정이 아닌 절망적인 기분으로 미래를 바라보고 있다.

미래를 직시하기 위해 우리에게 필요한 것은 확고한 진리로 단련된 믿음이다. 그런데 속알맹이가 꽉 찬 진리는 지금 완전히 거부되고 있는 바로 그 진리뿐이다. 로마서 1장 22-25절에서 바울은 시대를 뛰어넘어 마치 우리 사회의 신앙과 도덕성을 꼬집는 것 같다.

> 스스로 지혜 있다 하나 우준하게 되어 썩어지지 아니하는 하나님의 영광을 썩어질 사람과 금수와 버러지 형상의 우상으로 바꾸었느니라 그러므로 하나님께서 저희를 마음의 정욕대로 더러움에 내어버려두사 저희 몸을 서로 욕되게 하셨으니 이는 저희가 하나님의 진리를 거짓 것으로 바꾸어 피조물을 조물주보다 더 경배하고 섬김이라 주는 곧 영원히 찬송할 이시로다 아멘.

정신과 의지와 감정의 만남

비합리성에 기반을 둔 컴퓨터 칩 신앙의 시대에, 확신에 찬 믿음은 괴상하고 편협한 신념이나 거짓으로 들어가는 상상의 비약으로 간주된다. 과연 다양한 진리가 공존할 수 있을까 하는 의문을 제기하면, 이런 신자들에게는 무엇보다도 먼저 정신적 폭력주의자들이라는 비난이 날아든다. "내가 믿사오며"라는 신앙을 변호하면 두번째 비난이 날아든다. 정말 믿음이란 단지 부조리로 들어가는 비약이요 현실과는 동떨어진 망상이며 한물간 종교의 행습인가? 어떤 크리스천들은 그것이 마치 사실인 것처럼 가르치며 살아간다. 그러나 "내가 믿사오며"라는 확실한 고백은 부조리와 신비를 거부한다. 성경적인 기독교에 맹목적인 비약이란 없다. 성경의 범주에서 맹목은 믿지 않는 마음을 표시하는 것이다. 신약 성경에 나타난 믿음은 신성한 부르심과 행위에 대해 사고하는 것으로 그 반응을 시작한다.

크리스천의 참된 신앙 고백과 다른 다양한 신앙을 구분할 때 신약 성경은 다음 세 가지를 결정적인 요소로 제시한다. 이것은 믿음으로 말미암아 우리 마음을 새롭게 하는 세 가지 요소다. 첫째, 믿음은 지적인 요소가 있다. 둘째, 믿음은 인간의 의지에 큰 영향을 끼친다. 셋째, 믿음은 우리의 감정과 밀접한 관련이 있다.

믿음과 지성

역사적으로 카플란과 같은 인물들은 항상 믿음이 근본적으로 비이성적이라고, 즉 정신의 문제가 아니라 마음의 문제라고 주장해왔다. 200년경 영향력 있는 신학자 터툴리안(Tertullian)은 부조리한 것을 믿는 것이 고귀한 일이라고 주장했다. 실제로 다른 모든 사람이 합리적이라고 여기는 것을 거부하고 부조리하게 보이는 것을 믿으려면 용기가 필요하다. 그러나 부조리를 열렬히 따르는 사람은 누구든지 분별력보다는 용기가 더 있기 마련이다. 터툴리안은 우리에게 무의미 속에서 맹목적인 신앙을 요구하는 현대 사상가들과 같다. 그러나 이 고귀한 신앙은 성경이 가르치는 것과는 아주 거리가 멀다. 성경에는 모순을 받아들이라는 어떤 권유도 없다. 분명 우리는 항상 완벽하게 이해하는 것은 아닐지라도 명제들을 믿어야 한다. 현대의 모든 생활이 이와 같다. 그렇지 않다면 우리들 대부분은 과학 기술이 제공하는 정교하기 이를 데 없는 가전 제품들을 사용할 수 없을 것이다. 초자연적인 영역에서 이성의 한계를 훨씬 뛰어넘는 신비들을 창조 세계도 암시하고 있고 성경도 기록하고 있다. 그러나 그런 신비들은 조리 있을 뿐만 아니라 상호 모순이 없다. 하나님께서 악을 선하다고 하시거나 녹색을 붉다고 하신다면, 우리는 무언가 잘못 본 것이 아닌가 좀더 면밀히 살펴봐야 한다. 모순은 절대로 하나님의 특성이 아니다. 우리는 혼동을 일으키지만 하나님의 성령은 그런 법이 없다.

기독교 신앙의 이런 특성은 결정적이다. 확고한 진리로 말미암아 우리에게는 위기를 극복하는 믿음이 생긴다. 우리는 불안한 감정을 가라앉히기 위해 주먹을 불끈 쥐거나 이를 부득부득 갈거나 비합리적인 것을 믿을 필요가 없다. 기독교는 예수님의 합리적인 제안과 위로에서 튼튼한 신앙 근육을 만들어낸다.

> 세상에서는 너희가 환난을 당하나 담대하라! 내가 세상을 이기었노라(요 16:33).

예수님께서는 절대적인 진리를 주장하신다. "내가 세상을 이기었노라." 이 주장을 진리로 믿고 예수님께서 뜻하신 바를 충분히 이해할 때, 우리 스스로 신앙 근육을 강화시킬 수 있다. 우리는 실제로 그리스도의 승리에 참여할 수 있다. 여기서 용기를 얻지 않는다면 비합리적인 일이 될 것이다.

신앙이 이성적이라고 말하는 것은 신앙을 합리주의와 혼동하는 것이 아니다. 합리주의는 지성의 능력이 아무 도움 없이 모든 실재를 이해할 수 있다고 주장한다.

결혼한 지 얼마 안 된 한 여성은 중환자실에서 남편과 아이가 교통 사고로 죽었다는 소식을 들어야 했다. 그녀를 위로하면서, 우리는 인식의 한계를 인정하며 이렇게 말할 수밖에 없다. "하나님, 우리는 다 알지 못합니다. 하지만 하나님께서는 다 아시며 또한 신실하심을 믿습니다."

바로 이 대목에서 상대적인 진리를 믿는 카플란의 신앙이 가장 불만스럽다고 말할 수 있을 것이다. 진리는 내가 그것을 이해하든 하지 못하든 진리다. 비록 진리를 이해하지 못하고 그것이 무엇인지 알지 못하더라도, 왜 내가 신비주의에 빠져 부처와 예수님을 함께 믿어야 한단 말인가? 이 둘은 정반대의 사실을 말하고 있으며 따라서 둘다 진리일 수 없다. 나는 비록 불완전할지라도 이해의 길을 훨씬 더 좋아한다. 그리하여 참된 진리가 내 삶에 영향을 끼칠 수 있기를 바란다.

깨달음이 없는 곳에는 신앙도 존재하지 않기 때문에, 크리스천들에게는 생각하는 믿음과 행하는 믿음 사이의 연결 관계를 잘 요약해놓은 신조가 필요하다. 기독교의 신앙 고백인 사도 신경의 첫 구절에는 "내가 믿사오며(I believe)"라는 진술이 있다. 그리고 나서 신자는 믿음의 범위를 명백한 말들로 요약해나간다. 성령님께서는 우리를 일반적인 믿음이 아닌 특별한 믿음으로, 즉 예수 그리스도의 인격과 사역에 대한 믿음으로 부르신다.

로마서 3장 20-28절이나 다른 구절들에서 가르치는 대로 사람이 오직 믿음으로만 의롭다 하심을 받는다면 이러한 깨달음의 문제는 너무나 중요하다. 16세기 종교 개혁 시대에 기독교 지도자들은 이러한 사실을 알고 있었다. 그들은 신중한 태도로 믿음이 참으로 구원에 이르는 믿음이 되기 위해, 즉 예수님에 대한 믿음이 마침내 하나님 앞에서 의롭다 하심을 얻을 수 있는 믿음이 되기 위해 필요한 것은 내용, 지적인 동의, 개인적인 신뢰라고 규정했다.

내용은 성경이 전하는 정보다. 이 내용은 하나님은 존재하며 그분이 신인(God-man)이신 예수 그리스도 안에서 역사 속으로 들어오셨으며, 그리스도의 죽음과 부활과 승천으로 말미암아 우리가 영생을 얻었다는 사실을 포함한다. 신자가 되려는 사람은 예수님이 누구시며 그분이 어떤 분이신지 깨달아야 한다.

그러나 신자는 지식을 알아야 할 뿐만 아니라 또한 지적으로 동의해야 한다. 크리스천이 되려면 예수님께서 십자가 위에서 돌아가셨다는 사실을 알아야 하고, 또한 이러한 사역이 나의 죄값을 지불하고 나와 하나님 아버지 사이의 간격을 넉넉히 메울 수 있을 만큼 충분하다는 사실을 믿어야 한다. 진정으로 신자가 되고자 한다면, 나는 믿음의 지식을 진리로 인정해야 한다. 이로써 우리는 핵심적인 신뢰의 문제로 나아갈 수 있다.

믿음과 의지

내가 이 모든 지식을 틀림없이 간직하고 이성적으로 이 모든 것을 분명하게 이해하며 이것이 참으로 진리라고 기꺼이 인정한다면 어떻게 되는 것인가? 그것은 나에게 구원에 이르는 믿음을 가져다주는가? 성경에 따르면 그렇지 않다. 누가는 예수님의 참 존재성을 제일 먼저 알아차린 존재들은 신실한 제자들이 아니었다고 기록하고 있다. 귀신들은 예수님의 변형을 간파하고 즉시 그분이 지극히 높으신 하나님의 아들이시라는 사실을 깨달았다.[2] 그들은 이렇게 하나님에 대한 진리를 깨달았지만 그 진리를 미워했다. 사도 야고보는 이 점을 들어 죽은 믿음과 산 믿음을 구분한다. 다음 풍지는 성경 저자의 펜에서 나온 것이다.

> 네가 하나님은 한 분이신 줄을 믿느냐 잘하는도다 귀신들도 믿고 떠느니라 아아 허탄한 사람아 행함이 없는 믿음이 헛것인 줄 알고자 하느냐(약 2:19-20).

하나님의 일들에 지적으로 동의하는 것은 단지 사람을 이교도의 상태에서 귀신의 수준으로 끌어올리는 정도일 뿐이다. 이런 동의는 영혼을 하나님나라로 단지 1cm만 앞당길 뿐이다. 사단은 사실에는 동의하지만 구원에 이르는 믿음을 갖고 있지 않다. 신약 성경은 개인이 그러한 지식을 좇아 행해야 한다고 가르치고 있다.

이것이 다양한 기독교 신학 사이에서 벌어진 공개 토론이라면, 수많은 사람들이 발언권을 신청할 것이다. 어떤 그룹의 대표자들은 우리의 믿음과 의지의 공식이 너무 의지 편향적이라고 말할 것이다. "당신은 의지와 믿음이 아무 상관 없다는 것을 모르십니까? 성령님의 인도를 받지 않는다면 누구도 참된 믿음을 가지고 그리스도에게 나올 수 없습니다." 이 진술의 후반부는 사실이다. 즉 죄인은 어느 모로 보나 귀신만큼 그리스도에게 반항적이다.

뒤에서 우리는 자발적인 심정으로 "내가 믿사오며"라는 고백을 할 수 있으려면 왜 완고한 마음에 하나님의 초자연적인 역사가 필요한지 살펴볼 것이다. 한편 자발적인 심정은 사실 의지적이다. 믿는 것과 순종하는 것은 내가 참여하는 행위들이다. 의지가 없다면 구원은 결코 이루어질 수 없다. 또 하나님께서 개입하시지 않으면 우리는 결코 의지를 발휘할 수 없다.

다음으로 행동하는 크리스천들은 내가 중요한 사실을 간과했다고 목소리를 높일 것이다. 그들의 슬로건은 "믿음은 동사이지 명사가 아니다"라는 것이다. "신학의 상아탑에서 사색하며 신조를 만들어내는 것보다는, 하나님을 사랑하고 다른 사람들을 섬기면서 믿음을 실천하는 것이 훨씬 더 중요하다."

이것도 부분적으로 사실이다. 믿음이 참된 것이 되려면, 우리는 믿음을 개인적인 상황에 적용해야 한다. 그러나 거짓 이분법에 이끌리면 안 된다. 성경은 순종의 행위를 신앙 고백의 지식과 결합시킨다. 많은 교회들과 신자들이 성경의 하나님과는 완전히 동떨어진 빈약하기 이를 데 없는 어떤 신을 가르치면서 엄청난 선행을 실천하는 극단에 치우쳐 있다. 일부는 예수님의 탄생, 죽음, 부활, 승천과 주권이라는 기본적인 진리와 의미를 거부할 정도로 그렇게 멀리 가 있다. 자선으로는 충분하지 않다. 행위는 결코 믿음의 총화가 아니다.

믿음과 감정

의미 있는 믿음에는 지식이 있는데, 그것은 상당 부분 정신 활동을 포함한다. 그런데 한 가지 더 개인적인 측면이 남아 있다. 그것은 우리가 널리 '사랑'이라 부르는 것이다. 사랑은 사모의 심정이나 그리스도를 향하는 마음의 경향이다. 그러나 사랑은 너무나 광범위한 용어다. 그래서 하나님을 향한 우리의 태도를 묘사할 때는 의미의 폭을 좁혀야 한다.

시편 기자는 의인의 '기쁨'이 하나님께 집중되어 있다고 말했다.[3] 경건한 마음은 하나님의 주권적인 통치를 기쁘게 인정하면서 하나님의 일들을 즐거워한다. 반대로 불경한 인간은 성경 전반에 나타나 있는 것처럼, 개인적으로 소원(疎遠)하고 적대적인 특징이 있다. 예수님께서는 이사야 29장 13절을 인용하여 이렇게 말씀하셨다. "이 백성이 입술로는 나를 존경하되 마음은 내게서 멀도다"(마 15:8).

믿음의 사람들은 마음속으로부터 하나님을 사랑한다. 그들은 하나님나라를 추구하고 찾고 갈구한다. 참된 믿음이 없는 자들은 무관심하거나 냉담하거나 적대적인 상태로 남아 있다. 따라서 믿음은 진리를 확신하는 것 이상이다. 믿음은 진리를 사랑한다. 믿음은 그리스도를 기뻐한다. 믿음은, 참된 믿음은 찬송으로 그리스도를 높이는 것을 크게 즐거워한다.

주의 깊게 믿음의 장성함을 다루라

"내가 믿사오며"의 신앙은 지식과 의지와 감정으로 영적 근육을 단련시킨다. 이 믿음은 신자가 적대적인 세상에서 진리를 견지하고 분별할 수 있도록 도우면서 마음을 새롭게 한다. 터무니없는 상상이나 세속적인 철학과의 타협에는 항상 믿음의 정련이 필요하다. 교회 역사를 보면 시대마다 미신과 오류가 있었다. 오늘날에도 주위에 널리 퍼져 있다. 그 가운데 두 가지는 특히 처음 믿음으로 들어가는 과정과 관련이 있다. 튼튼한 믿음은 크리스천의 삶에서 믿음과 행위가 적절하게 만나는 지점이 어디인지 이해할 뿐만 아니라 하나님께서 참으로 고단한 세상에서 우리 삶에 무엇을 약속하셨는지 깨닫게 해준다.

믿음과 미신

악의는 없더라도 몇몇 사람들은 성경적인 믿음과 미신적인 요소들을 혼동한다. 이들의 그릇된 교훈은 초신자들의 믿음에 심각한 해를 끼친다. 초신자들은 항상 거짓 교훈에 걸려든다. 일부 설교자들은 "예수님께 오십시오. 하나님께서 당신의 모든 짐을 덜어주십니다. 다시는 괴롭지 않을 것입니다"라는 식의 말을 이런저런 형태로 반복한다. 마음이 괴로운 사람들은 이런 식의 복음에 반응하지 않겠는가? 그러나 이것은 참된 복음이 아니기 때문에, 그릇 인도받은 회심자들은 종종 비통함과 실망에 빠지게 된다. 그런 경험으로부터 배우고 성숙하는 사람들도 있지만 기독교를 완전히 등지는 사람들도 있다. 대부분은 왜 믿음이 하나님과 함께 그런 문제를 완전히 해결해주지 않는지 의아해 하면서 지지 부진한 상태로 나아간다.

사실 : 인생은 우리가 신앙 여정을 시작해 이 게임이 계속될 것이라는 사실을 알았을 때만큼 그렇게 복잡하지는 않다. 윤리적인 문제들이 새롭게 예민해진 양심을 무겁게 짓누른다. 연약함과 죄와의 지속적인 싸움은 정말 끝나야 한다. 그러나 이것들은 분명 끝나지 않았다.

이제 이런 스트레스들과 함께 다음과 같은 압력을 들어보자.

- "당신의 질병은 사단에게 속한 것입니다. 하나님께서는 바로 지금 그것을 물리치기를 원하십니다. 하나님께서 요구하시는 것은 오직 나의 손, 곧 치유의 능력과 의심 없는 믿음을 전달해주는 통로뿐입니다."

- "하나님께서는 자녀들을 괴롭게 하지 않고 번창하게 하십니다. 산을 옮길 만한 믿음이 있으면 당신은 마음의 모든 소원을 이룰 것입니다."

- "당신에게는 상사와 부모와 자녀와 배우자에게 역사하는 사단의 권세를 결박할 힘이 있습니다. 믿음으로 그렇게 하십시오. 그러면 다시는 이런 사람들로부터 해를 당하지 않을 것입니다."

치유와 번영은 "내가 믿사오며"의 신앙을 주신 하나님의 목적이 아니다. 그것들은 하나님의 약속도 아니다. 사실 성경은 크리스천들이 많은 고난을 받을 것이라고 거듭 밝힌다. 고난을 통해 우리는 그리스도의 고난과 낮아지심에 참여한다. 고난을 통해 우리는 하나님의 능력을 더욱 의지함으로써 더욱 효과적인 증인들이 되며 더욱 깊이 하나님을 사랑하는 사람들이 된다. 거짓 약속과 허울뿐인 성경 해석으로 길을 잃고 상심한 사람들은 이런 유익들을 맛보지 못한다. 비록 믿음이 있더라도 그들은 응급실과 장례식장에 가서 모든 것을 잃은 사람들을 목격해야 한다. 그들은 하나님께 버림을 받은 것은 아니지만 그렇다고 해서 심각한 질병이나 파멸에 면역성을 지닌 것도 아니다.

미신은 믿음을 무력하게 만든다. 미신은 그리스도 복음의 일부인 고난에 사탕발림을 한다. 미신은 제자 훈련의 대가를 깎아내린다. 참된 믿음은 우리가 인생 여정에서 두루 만나는 곤경들을 승리로 장식할 수 있도록 훈련과 용기와 인내와 장성을 요구한다.

믿음과 행위

야고보서는 산 믿음과 죽은 믿음을 구분한다. 이것은 참된 믿음과 거짓 믿음의 차이와 매한가지다. 왜냐하면 죽은 믿음이나 거짓 믿음은 둘다 믿음이 아니기 때문이다. 참된 믿음은 항상 예외 없이 행위, 곧 순종의 결과를 내놓는다. 야고보는, 외아들 이삭을 희생 제사로 바치라는 하나님의 명령에 순종한 아브라함의 반응(창 22장)을 참된 믿음의 모범으로 제시한다(2:21-23). 아브라함은 행위로 믿음을 나타냄으로써 자신의 진실성을 입증했다. 이것은 선행이 곧 구원에 이르는 믿음의 필연적인 증거라는 의미는 아니다. 이것은 참된 믿음이 있는 곳에는 선행이 필연적으로 즉시 따른다는 의미다. 순종이 없으면 분명 구원도 없다. 예수님께서는 이런 사실을 요한복음 14장 15절에서 다음과 같이 말씀하셨다. "너희가 나를 사랑하면 나의 계명을 지키리라."

충성은 요즘 별로 쓰지 않는 말이다. 그러나 이 말은 필요한 바를 잘 표현한다. 전에 많은 은행들이 '피델러티(Fidelity) 신탁 은행'이라는 이름 아래 합병됐다. 이 은행의 중역들은 그들이 맡은 돈에 대해 충실한 청지기가 되겠다고 약속했다. 그들의 이런 인사는 믿을 만했다. 그리스도께 순종할 때 우리가 해야 할 일은 충성심을 보이는 것이다. 우리 삶은 명령 준행이 특징으로 나타나야 한다. 장성함이라는 긴 과정을 통해 우리는 그리스도의 뜻에 점점 더 순응해나가야 한다.

예수님의 생애는 신약 성경에서 충성의 모범이다. 아브라함이나 모세나 엘리야 같은 구약의 성도들은 믿음의 표본들이다. 그러나 이들은 성부께 충성하신 예수님의 모범 앞에서 위축된다. 예수님께서는 이렇게 말씀하셨다. "나의 양식은 나를 보내신 이의 뜻을 행하며 그의 일을 온전히 이루는 이것이니라"(요 4:34).

믿음은 외면적인 고백이라기보다는 내면적인 고백이다. 결론적으로, 믿음은 하나님의 뜻에 헌신하는 기반이다. 믿음의 내용은 새 생명이 뚜렷하게 드러날 때까지 정신을 채우고 마음을 붙든다.

신앙과 신앙 고백

교회는 신앙의 지식을 명백하게 표명하기 위해 신경과 고백 형식을 사용한다. 그러나 어제의 신경은 오늘 박물관 소장품이 되는 신세다. 표현이 구식이기 때문이다. 그러나 다른 어떤 것보다 세월과 믿음의 싸움을 성공적으로 견뎌온 고백, 곧 사도신경이 있다.

사실 사도신경이라는 이름에도 불구하고 사도로부터 직접 나온 말은 거기 없다. 현재의 형태는 AD 700년 이래 줄곧 사용되던 것이다. 하지만 주요 용어들은 2세기 로마의 세례 고백문에서 그 유례를 찾을 수 있다. 사도신경은 "내가 믿사오며"의 신앙을 단순하고 간결하면서 분명하게 주장한다. 다음 장부터는 사도신경의 교훈을 현대적으로 설명해 각 요지를 역사적으로 주해하기보다는 기본적인 교의들을 최근의 신앙 논쟁에 적용시켜볼 것이다.

교인들이 마음을 새롭게 하고 영적으로 성숙함으로써 교회가 교회답기 위해서는 이런 신앙 고백의 지식이 결정적으로 중요하다. 왜냐하면 우리는 크리스천들로서 믿기 때문이다.

하나님 아버지를
내가 믿사오며

I believe in God.

하나님에 대하여 말하기

"**현대** 사회에 사는 사람으로서 대답해야 할 가장 중요한 질문은 무엇일까요?" 어느 사업가의 이 물음에 나는 더 생각할 필요를 느끼지 못했다.

"그거야 쉽지요. 오늘날 세상 사람들이 가장 중요하게 알아야 할 것은 하나님이 누구신가 하는 것이지요."

"하나님이 존재하는지 그렇지 않은지가 아니구요?"

"그렇습니다. 중요한 문제는 하나님이 누구신가 하는 점입니다. 오늘날 하나님의 존재는 모호하지 않지만 하나님의 본성과 인격은 정말 모호합니다."

그는 또다른 질문을 던졌다.

"그러면 크리스천으로서 대답해야 할 가장 중요한 질문은 뭐라고 생각하십니까?"

"그것도 간단합니다. 현재 크리스천들이 가장 중요하게 알아야 할 것은 하나님이 누구신가 하는 것입니다."

그 친구는 갑자기 가던 길을 멈췄다.

"하지만 하나님이 누구신지를 모르면 크리스천이 될 수조차 없지 않습니까?"

하나님이 누구신가에 대한 지식이 없다면 어느 누구도 그리스도께 올 수 없다. 그러나 그리스도께 온 이후의 문제는 그 지식이 자라는가, 아니면 미미하고 모호하게 머무는가 하는 점이다. 불행하게도 크리스천들을 평균적으로 평가해볼 때 그들이 갖는 하나님에 대한 지식의 깊이는 벼룩의 키만도 못하다. 그것은 관계를 점점 의미 있고 긴밀하게 발전시키기에는 너무나 피상적인 수준이다. 일반적으로 하나님에 대한 지식, 특히 하나님 아버지에 대한 지식은 너무 부족하다.

그리스도의 인격과 사역에 대해 많은 서적들이 나오고 있다. 그리고 특히 성령님의 인격과 사역에 대한 서적들도 최근 몇 년 동안 많이 늘었다. 일부 이런 서적들의 질은 의심스러운 수준이거나 더 낮아졌다. 그러나 판매 실적을 보면 사람들이 예수님과 성령님을 아는 일에 분명 큰 관심이 있다는 사실을 알 수 있다. 크리스천들은 예수님과 성령님을 알아야 한다. 그러나 예수님과 성령님을 보내신 분은 바로 하나님 아버지시다. 예수님과 성령님의 하시는 일들 가운데 하나는 우리에게 하나님 아버지의 본성을 나타내시는 것이다. 그러나 예수님과 성령님께서는 이 임무를 수행하면서 요즘 교회의 협조를 별로 받지 못하고 계신 것 같다.

하나님 아버지를 내가 믿사오며.

한 부인이 내게 와서 자신의 가장 큰 소원은 예배를 드릴 때 하나님의 임재 가운데로 인도받는 것이요, 하나님에 대한 통찰력이 넓어지는 것이라고 고백했다. 그러나 그녀는 이어서 하나님께서 자신을 피해 숨으시는 것 같다고 말했다. 교회에서 다른 교우들과 함께 예배를 드릴 때, 하나님께서는 명료하지 않고 모호하다고 했다. 그리고 이렇게 덧붙였다. "때때로 저는 목회자들이 하나님의 두려운 면이나 강압적인 면들을 보여주지 않으려고 일부러 그렇게 하시는 것 같다는 생각이 듭니다." 이유야 어떻든 하나님에 대한 지식이 없으므로 그녀는 상심해 있었다. 그녀는 하나님을 좀더 개인적으로 그리고 생생하게 알기를 간절히 바랐다. 크리스천이 경건과 순종의 면에서 개인적인 장성함을 경험하려면 누구든지 하나님이 누구신가를 알아야 한다.

1996년 '백만 장자 행진(Million Man March)' 이후 높은 인기를 구가하던 루이스 파라칸(Louis Farrakhan)은 자신의 종교 집회에서 좀 의아한 장면을 연출했다. 이슬람 국가의 성직자였던 파라칸이 알라신 이외의 다른 신을 알거나 기독교에 대해 식견을 보여줄 것이라고 예상한 사람은 없었다. 그렇다면 그 장면에서 문제가 됐던 것은 무엇일까? 파라칸은 사람들이 빽빽히 들어찬 대강당에서 설교를 했는데, 강단 위에는 기독교 목사들이 그를 둘러싸고 있었다. 일부 목사들은 대도시 교회에서 시무하고 있었다. 파라칸은 그들을 책망하고 있었다. 그는 목사들의 신학을 바꿨으며 그들에게 예수님이 실제로 어떤 분이셨는지 가르쳤다. 그는 그들에게 하나님의 계획을 수행하라고 말했다. 그들은 그곳에 가만히 앉아서 그것을 받아들였다. 일부 목사들은 그 순간 빠져들어서 "아멘"과 열렬한 박수로 화답했다.

이로써 하나님에 대한 우리 생각에 쓸 만한 내용이 생겼을까? 파라칸의 주장대로 기독교의 신조들이 인종적인 순수성을 주장하는 사상 체계, 곧 뉴에이지 이슬람과 공존할 수 있다면, 우리는 하나님에 대해 조금이라도 의미 있는 무언가를 언급하는 것이 가능한지 의심해보아야 한다.

파라칸은 예수님을 알라신의 선지자들 가운데 하나로 믿고 있고 그 우주의 신이 (절대 백인이 아닌) 특별한 민족을 위한 특별한 구원을 계획하고 있다고 믿고 있다. 또 그 신은 최후의 인종 전쟁으로 지구가 멸망하기 전에 거대한 우주선들을 주요 도시 위로 보내서 새로운 에덴의 자식들에게 은밀한 신호를 보낼 것이라고 주장한다. 이것이 바로 내용이다! 루이스 파라칸은 하나님을 언급할 때 마음속에 뚜렷한 무언가를 담고 있다. 그는 자신과 별개로 존재하는 영적인 실재를 믿는다. 당연히 파라칸은 크리스천들이 기꺼이 자기와 함께 연단에 서서 "아멘"으로 화답하는 모습을 볼 수 없어야 했다.

그러면 파라칸의 호령에 겁먹은 이 목사들의 사정은 어떤 것인가? 불행히도 그들의 하나님은 내용이 없다. 그들의 하나님은 성경적인 내용을 가지고 있지 않다. 그래서 그들의 신학은 무슨 일이 일어나고 어떤 세력을 만나느냐에 따라 뒤죽박죽된다. 그들은 하나님을 알 수 없는 신으로 선언하고 우리의 신 개념을 단지 인간성 내부의 한 면으로 치부했던 19세기 철학자들의 후예들이다.

다음 세대에 이르러 개혁 성향을 지녔던 신학자들이 주장했던 참된 신앙이란 스스로 그리스도가 되어 사회 운동을 통해 자신의 왕국을 구현하는 것이다. 그들은 스스로를 사회 진화론의 역군으로 자부하면서 인간성이 신성해질 때 진화가 완성될 것이라고 믿었다. 이들과 사촌격인 일부 유럽인들은 엇비슷한 사회 진화론을 니체라는 항아리에 넣었다가, 거기서 보잘것없는 국가 사회주의를 건져올렸다. 또 어떤 사람들은 같은 재료들을 이론으로만 존재하는 경제 틀 속에 넣었다가 마르크스의 사회주의를 찍어냈다. 여기에 실존주의를 보태면 1960년대에 "신은 죽었다"던 운동과 여권 운동가들의 여신 숭배 운동과 1990년대 중반에 인기를 모은 '예수 세미나(Jesus Seminar)'를 접하게 된다. 이것은 지난 200년 동안의 철학과 신학을 지나치게 단순화시켜 말한 것이 아니다. 이것은 하나님에 대한 지식이 없을 때, 심지어 크리스천과 신학자로 자처하는 사람들에게조차 지식이 없을 때 재난이 임박할 것이라는 사실을 말하려는 것이다.

하나님과 콘 아이스크림

다음과 같은 단순한 실험을 통해 하나님에 대한 지식을 가지고 주변 사람들에게 의미 있게 전달하는 문제를 좀더 잘 이해할 수 있을 것이다. 나는 모든 연령의 사람들과 신학적 소양이 서로 다른 사람들에게 이 방식을 적용해보았는데 결과는 별 차이가 없었다. 실험 방식은 다음과 같다.

눈을 감고 당신이 좋아하는 아이스크림이 담겨 있는 두 개의 콘을 구체적으로 상상해보라.

어떤 아이스크림을 떠올리고 있는가?

대답은 피스타치오 너트부터 라즈베리 리플까지 다양하다. 규모가 큰 단체라면 아마 아이스크림 전문점 메뉴판 같을 것이다. 우리는 콘 아이스크림들을 구체적으로 상상하는 데 별 어려움을 느끼지 않는다.

그러면 다시 눈을 감고 이번에는 하나님에 대해, 성자 하나님이나 성령 하나님이 아니라 성부 하나님에 대해 구체적으로 생각해보라.

조금 더 어려운가?

어떤 사람들은 '사랑'을 상상했다는 반응을 보인다. 사랑이라는 개념은 하나님이라는 개념만큼 추상적이기 때문에 우리는 하나님이 누구신지, 어떤 분이신지 구체적으로 상상하기 어렵다. 이렇게 말한 사람들은 하나님이라는 말이 사랑이라는 말에서 풍기는 감정과 비슷한 긍정적인 느낌을 준다는 뜻으로 말했을 것이다. 이러한 연관은 하나님과 우리 사이의 개인적인 관계의 일면을 나타내지만 구체적인 상상에는 별로 도움이 되지 않는다. 그럴지라도 대부분의 사람들은 약간의 노력으로 하나님이라는 말에 대해 어떤 정신적인 상(像)을 상상해낼 수 있다. 아이들이 그려내는 상도 신학자들과 별반 다르지 않다.

이런 상들은 아마도 흰 옥좌에 수염을 늘어뜨리고 앉아 있는 노인이나 미켈란젤로가 시스틴 성당 천정에 그린 모습일 수도 있다. 아니면 그것은 희뿌연 연기 같은 구름이나 큰 계기판 위의 붉은 버튼이나 사랑하는 식구나 화산 폭발이나 핵 폭발이나 어두운 하늘을 가로지르는 밝은 섬광이나 찬란한 흰 빛이나 거대한 뇌일지 모른다.

하나님이 연운이나 화산 폭발이나 거대한 뇌 같다고 생각하는가? 이런 질문을 던질 때마다 가지 각색의 대답이 나온다. 물론 아니다! 하나님은 절대 이런 이미지일 수 없다. 그러나 이런 개념들은 하나님에 대한 구체적인 무언가를 전달한다. 이것들은 어렴풋하고 모호하지만 여전히 중요한 하나님이라는 개념의 내용을 전달한다.

위에 언급된 상들과 자신이 제안할 만한 다른 상들을 해석해보라. 각 개념은 다른 개념들과 비슷하다. 모두 일반적이고 친숙한 인간의 용어들로 하나님을 설명한다. 그리고 모두 하나님을 유추해 생각하도록 돕는다. 우리가 유추할 수 있는 범위를 훨씬 벗어나더라도, 어쨌든 하나님은 마치 흰 빛이나 붉은 버튼 같다. 성경 역시 하나님을 언급할 때 인간적이고 유사한 상들을 활용한다.

하나님에 대해 말할 때

    기독교 철학자요 신학자인 토마스 아퀴나스(1224-1274)는 언어의 서술 쓰임을 세 가지로 구분했다. 언어의 단의적(單義的) 쓰임은, 서로 다른 상황에 하나의 서술 용어를 사용함으로써 그 상황들이 근본적으로 같은 것임을 나타낸다. 가령 'bald'*라는 말은 남자와 독수리에 사용될 수 있는데 실제로는 같은 의미를 나타낸다. "저 남자는 bald다"라는 말은 "저 독수리는 bald다"라는 말과 같은 의미다. 'bald'라는 용어는 두 경우 모두에서 머리카락(또는 머리 깃털)이 없는 것을 의미한다. 물론 대머리 독수리는 머리에 깃털을 가지고 있다. 그러나 그 깃털이 흰색이어서 대머리 독수리라고 부른다. 그래서 장차 그 독수리를 보게 될 다른 사람들과 인식을 같이하기 위해 단의적 언어가 사용되었다. 이 용어를 듣고 그 새를 볼 때 사람들은 같은 생각을 하게 된다. "대머리는 머리카락이 없는 것을 의미한다 … 수리는 깃털을 가지고 있다 … 아, 하지만 검은 새에게 흰 깃털은 깃털처럼 보이지 않는다. 그래서 그런 이름이 붙었구나!" 단의성은 서로 차이가 많은 두 존재 사이의 미묘한 유사점을 표현하는 데 유용하다. 이런 용어의 의미는 비교적 안정적이다. 이것은 단순히 현재 설명하고 있는 것에 어울리도록 맞추는 것이다.

    언어의 다의적(多義的) 쓰임은, 어떤 단어가 서로 다른 두 개의 현실에 적용될 때 그 뜻이 근본적으로 바뀌는 것을 의미한다. 다의성은 논리적 오류를 일으키는 일반적인 원인이다. 예를 들어 한 대학생이 희곡 강독을 듣고 기숙사로 돌아와 친구에게 그것이 'bald'한 이야기였다고 말했다고 가

---

* '대머리의' 또는 '단조로운'의 뜻을 가진 형용사

정해보자. 그는 무슨 뜻으로 이렇게 말했겠는가? 그는 그 이야기에 머리카락이 없었다는 뜻으로 말했겠는가? 당연히 아니다. 이야기에 머리나 머리카락이 있을 리 만무하다. 그러면 이야기에 사용된 bald라는 단어는 머리카락이 전혀 없듯이 의미가 전혀 없다는 이야기인가? 아니다. 이 경우 bald라는 단어의 다의적 쓰임을 보면 신체적인 대머리와 비록 밀접하지는 않더라도 어떤 접촉점을 가지고 있다. 즉 학생이 말하는 바는 그 이야기에 무언가가 결여되었다는 것이다. 아마도 그것은 매우 지루하고 단조로웠을 것이다. 그래서 마치 대머리 남자에게 머리카락이 없는 것처럼 그 이야기에도 실감나는 효과가 없었을 것이다. 그러므로 다의어는 서로 다른 두 개의 영역에 적용될 때 그 뜻이 근본적으로 바뀌는 말이다.

아퀴나스는 우리가 하나님에 대한 정확한 지식을 전달하고자 한다면 단의어를 사용할 수 없다고 주장했다. 이것은 피조물과 하나님과의 차이가 너무나 크기 때문에 어떤 피조물과도 비교할 수 없는 존재를 묘사하기 위해 신학 용어를 갖다 쓰려고 하는 것이 부질없다는 뜻이다. 신학적으로 하나님께서는 초월적으로 '다른' 존재다. 하나님의 길은 우리의 길과 다르다. 신학자들은 이것을 '숨어 있는 하나님(Deus absconditus)'이라고 부른다.

그러나 아퀴나스는 우리에게 다의어도 사용하지 말라고 경고한다. "예수님은 하나님의 아들"이라는 고백은, 아들이라는 말을 어떻게 규정하는가에 따라 엄청나게 많은 의미를 가질 수 있다. 내가 몰몬교도 옆에 앉아서 그와 함께 "예수님은 하나님의 아들이시다"라는 말을 제창한다면, 우리 두 사람이 거기에 부여하는 의미는 완전히 다를 것이다. 이 문장은 숨어 있는 하나님을 언급한 것이므로 그 문장에 무슨 의미를 부여하는 것도 아무 의미도 부여하지 않는 것도 다 불충분하다. 단의어는 하나님과 사람

사이의 유사성을 너무 지나치게 많이 취하는 반면, 다의어는 그것을 너무 적게 취한다.

아퀴나스에 따르면, 하나님을 이야기할 때 가장 의미 있는 방식은 유추다. 유추는 설명하고 있는 것에 따라 의미가 변하는 단어들을 사용한다. 우리는 착한(good) 사람과 착한 개에 대해 말한다. 착한 개는 순종적이고 물지 않는다. 착한 사람도 돌아다니며 다른 사람들을 물지 않지만 그를 '착하다'는 말로 설명하는 이유는 분명 그런 사실과는 관계가 없다. 그러나 유추어의 의미는 다의어만큼 관계가 그렇게 멀지는 않다. 착하다는 단어를 개와 사람에게 사용했을 때, 이것은 bald라는 말을 이야기에 적용했을 때보다 더 큰 접촉점을 가지고 있다.

유추어는 단의어보다 명확성이 떨어진다. 그러나 유추어는 숨어 있는 하나님과 '계시된 하나님(Deus revelatus)'에 굴복한다. 이것이 하나님을 남김없이 이해하도록 돕지는 못하지만 그렇다고 해서 소망 없는 무지에 버려두지도 않는다. 아퀴나스는 이 유추어를 하나님을 설명하는 의미 심장한 방식으로 이해했다. 이것은 계시된 하나님께서 창조와 역사를 통해 하나님을 속사(速寫)해서 유사하게 보여주기 때문에 가능하다.

부정의 방법

하나님을 단의적으로 묘사할 수 없으므로 어떤 사람들은 하나님에 대한 무언가를 유추로도 명확하게 말할 수 없다고 주장해왔다. 우리가 하나님에 대해 말할 수 있는 것은 고작 "하나님은 어떤 분이 아니다" 하는 정도라는 것이다. 이런 부정적인 견해를 전통적으로 주장해온 사람이 신플라톤주의 철학자인 플로티누스(Plotinus)였다. 플로티누스는, 하나님 또는 '그 한 분(The One)'은 이성으로 전달할 수 없는 신비한 체험이 아니면 전적으로 불가지(不可知)하다고 주장했다.

> 정확하게 말하고자 하는 사람은 그것을 이런저런 이름으로 부르면 안 된다. 우리는 말하자면 주위를 빙빙 돌 수 있을 뿐이다. 그것에 대한 경험을 말로 표현하려 애쓰면서 이제 과녁 근처를 쏘지만 다시 그 안에서 보게 되는 이율 배반 때문에 목표에 이르지 못한다.[1]

미국의 소설가 멜빌(Melville)이 「백경(Moby Dick)」에서 상당 부분 반영하고자 했던 것도 바로 이 하나님의 불가해성이었다. 경외심을 일으키는 고래의 '백색'은 하나님의 모호성을 나타낸다.

거기서 주인공 이쉬마엘은 이런 생각을 했다.

> 우리가 은하수의 하얀 심연을 쳐다볼 때 우주의 절망적인 공허와 광막함을 느끼고 허무감에 등이 찔리는 것 같은 느낌을 갖는 것은 이 빛깔의 걷잡을 수 없는 막연함 때문일까? 아니면 본질적으로 백색은 하나의 빛깔이라기보다 빛깔이 없는 상태인 동시에 모든 빛깔을 응집시킨 것이기 때문에, 황량한 설경에는 삭막하고 소리없는 공백 속에 갖가지 의미가 넘치고, 무색이며 모든 색인 무신론(無神論)이 있어, 그것이 우리 마음을 위축시키는 것일까? … 이렇게 생각할 때 우주는 생기를 잃고 우리들 앞에 문둥병 환자처럼 누워 있고, 그 불쌍한 배신자는 마치 라플란드(Lapland)를 여행하는 고집스런 나그네가 물체를 채색해 보여주는 색안경 쓰기를 거부하는 것처럼, 주위에 펼쳐지는 광경을 모조리 덮고 있는 대수의(大壽衣) 앞에 장님처럼 망연해진다. 그렇다면 모든 것을 상징하는 것, 그것은 바로 흰빛 고래다! 그런데도 이 광적인 추적을 이상하다 할 것인가?[2]

부정(否定)은 우리로 하여금 하나님에 대해 실제로 아는 것 이상으로 알고 있는 것처럼 추측하지 않게 된다. 그로써 우리는 숨어 있는 하나님을 상기하게 된다. 부정으로 인해 우리는 단의적인 의미나 유추적인 설명을 하지 않게 된다. 부정은 "내 생각은 너희 생각과 다르며 내 길은 너희 길과 달라서 하늘이 땅보다 높음 같이 내 길은 너희 길보다 높으며 내 생각은 너희 생각보다 높으니라"(사 55:8-9)라는 사상을 강조한다. 다윗과 함께 우리는 이렇게 부르짖는다. "이 지식이 내게 너무 기이하니 높아서 내가 능히 미치지 못하나이다"(시 139:6).

긍정의 방법

부정은 필요한 균형을 제시할 수 있지만 크리스천에게 제일의 방식은 아니다. 신자는 완전히 어둠뿐인 비참한 나락 속에 버려지지 않았다. 기독교 교회는 알지 못하는 신에게(행 17:23)라는 단이 놓일 장소가 없다. 완전한 부정으로 기독교를 끌어내리는 것은 바보 같은 짓이다. 루터는 다음과 같이 담대하게 말했다.

> 확신을 가지고 기뻐하지 못하는 것은 크리스천의 심정을 나타내는 표시가 아니다. 참으로 사람이 크리스천이 되려면 적어도 확신을 가지고 기뻐해야 한다 … 이제 회의론자들과 플라톤 학파 사람들을 우리 크리스천들로부터 멀리 쫓아버리자. 그러면 우리는 확신에 찬 사람들, 스토아 철학자들보다 배나 확고한 사람들을 얻게 될 것이다! … 성령님은 회의론자가 아니시다. 그분이 우리 마음속에 기록하시는 것은 의구심이나 견해 정도가 아니라 확신, 감각이나 생명 자체보다 더 확실하고 더 틀림없는 확신이다.[3]

우리가 모르는 것을 근거로 우리가 진정 알고 있는 것을 부정하는 것은 그릇된 신학일 뿐만 아니라 그릇된 과학이다. 숨어 있는 하나님을 편협하게 강조하면 계시된 하나님을 정당하게 평가할 수 없다. 그러므로 교회는 하나님을 아는 것이 가능할 뿐만 아니라 하나님을 충분히 알리고 설명할 수 있다고 주장하고 고백해왔다.

하나님의 이름을 부르는 것

하나님에 대해 말하는 가장 중요한 방식들 가운데 하나는 하나님의 이름을 사용하는 것이다. 십계명의 세번째 계명은 하나님의 이름을 망령되이 일컫는 것을 금한다. 주기도문의 첫번째 간구 내용도 하나님의 이름이 거룩히 여김을 받으시는 것이다. 하나님과 하나님의 이름 사이에는 독특하고 밀접한 관계가 있다. 하나님의 이름을 경박하게 사용하거나 욕설로 쓰는 것은 하나님께 뻔뻔스러운 무례를 범하는 것이다.

유대인들이 신성한 이름을 입에 담을 때 극히 조심했던 것은 이름에 마력이 있다는 미신적인 견해 때문이 아니라, 그 이름을 쓰시는 하나님에 대한 거룩한 존경심 때문이었다. 하나님께서 거룩하시므로 그분의 이름도 거룩하다(레 11:44-45).

이름에는 무엇이 들어 있는가

성경 전반에 나타나 있는 사람과 이름 사이의 밀접한 관계는 우리에게 별로 낯설지 않다.

어느날 아침 한 여대생이 기쁨과 감격에 찬 얼굴로 강의실로 들어왔다.

그녀의 왼쪽 손가락에 끼여 있는 다이아몬드 반지와 자기 옆에 앉은 젊은 이를 바라보는 꿈꾸는 듯한 그녀의 시선은, 그녀가 왜 그렇게 기분이 좋은지 충분히 짐작하게 해주었다. 그래서 나는 그녀에게 질문을 던졌다. "메리, 약혼한 게 맞지요?"

그녀가 그렇다고 하길래 다시 이렇게 물었다. "존과 약혼한 걸 보면 존을 사랑한다고 말할 수 있겠군요."

그녀는 그렇다고 했다.

"왜 존을 사랑하나요?"

그녀는 존이 미남이라고 열렬하게 설명했다.

나는 최근에 캠퍼스 여왕의 파트너로 뽑힌 빌을 가리키며 그가 미남으로 보이지 않느냐고 물었다. 그녀는 물론 빌이 미남이라고 대답했다. 그래서 그녀는 존을 사랑하는 다른 이유가 필요해졌다.

그녀는 재빠르게 존은 운동을 잘한다고 덧붙였다. 빌은 강의실 뒷편에 앉아 있었는데 그의 스웨터에는 우수 운동 선수에게 붙여주는 학교 마크가 세 개나 붙어 있었다. 내가 메리의 주의를 그리로 끌자, 그녀는 서둘러 존이 똑똑하다고 말했다. 그러나 빌은 우등생 사교 클럽의 회장이었다.

당혹해 하던 메리는 예의 바른 존의 성품을 들고 나왔다. 나는 그녀에게 "그러면 빌은 무례한가요?"라고 물었다. 여기에 이르자 강의실은 긴장감이 돌면서 아주 흥미 진진해졌고 메리는 더 당황했다. 나는 메리의 마음을 편하게 해주려고 그녀가 존에게 끌렸던 가장 매력적인 특징이 무엇인지 정확하고 분명하게 말해보라고 주문했다.

"저는 존을 사랑해요. 왜냐하면 그는 …, 왜냐하면 그는 … 왜냐하면 그는 … 왜냐하면 그는 존이니까요." 즉시 강의실에 있던 학생들은 사태를 파악했다. 메리는 존의 남다른 특성을 찾는 데 실패하자 마지막으로 그의 이름을 불렀던 것이다. 메리에게 있어 존이라는 이름은 출생 증명서에 적힌 하나의 단어가 아니라, 존의 모든 것과 그들 관계의 모든 역사를 상징하는 의미가 있었다.

기독교 신앙에는 보편적인 하나님에 대한 믿음이 없다. 크리스천은 '지존의 존재(supreme being)'에 소망을 두는 유일신론자가 아니라 우리 주 예수 그리스도의 하나님이요 아버지이신 분에게 소망을 두는 야훼스트(Yahwist)다. 하나님께서는 구체적인 역사의 행위들로 우리에게 계시되었다. 하나님께서는 모세에게 자신을 계시하실 때 정의가 아니라 이름으로 "나는 스스로 있는 자(I AM WHO I AM)"라고 말씀하셨다(출 3:14).

에밀 브루너(Emil Brunner)는 이렇게 지적했다. "하나님의 이름은 '고유한 이름'일 뿐이다. 왜냐하면 그것은 일반적인 개념, 어떤 통칭과 동렬에 있지 않기 때문이다. '신들(gods)'이라는 복수형은 하나님에 대한 모독이다. 하나님의 이름은 하나님 외에는 다른 어떤 것에도 없는 하나님의 본질에 속한 것이다."[4]

따라서 성경의 하나님은 아브라함과 이삭과 야곱의 하나님이시다. 그분은 이스라엘을 압제에서 구원하신 하나님이다. 그분은 구속 역사를 통해 자신을 계시하신다. 하나님께서는 또한 창조 세계 안에서 그리고 창조 세계를 통해 자신을 명백하게 나타내신다. 시편 기자는 이렇게 말한다. "하늘이 하나님의 영광을 선포하고 궁창이 그 손으로 하신 일을 나타내는도다"(시 19:1). 바울은 이렇게 주장했다. "창세로부터 그의 보이지 아니하는 것들 곧 그의 영원하신 능력과 신성이 그 만드신 만물에 분명히 보여 알게 되나니 그러므로 저희가 핑계치 못할지니라"(롬 1:20).

아들 안에서 계시된 하나님 아버지

하나님께서는 일반적으로는 창조로, 특수하게는 구속 역사의 사건들로 알려지신다. 그러나 이런 역사 사건들을 단순히 겉만 바라본다고 해서 하나님을 알 수 있는 것은 아니다. 하나님께서는 단지 일만 하시고 우리 스스로 누가 일하시는지, 이 사건에서 무엇을 말하고 계시는지 어떻게든 알아내도록 내버려두시지 않는다. 하나님께서는 행하실 뿐만 아니라 선지자들과 사도들을 통해 말씀하기도 하신다.

성경은 특별 계시의 표준이 되는 출처다. 왜냐하면 성경은 하나님께서 하신 일들을 기록할 뿐만 아니라 그런 일들에 대한 영감된 해석이기 때문이다. 성경의 바로 이런 특성 때문에 예수님께서는 사도들과 선지자들을 교회의 초석이라고 부르셨다. 사건들에 대한 성경의 기록과 그것들에 대한 성경의 해석을 서로 분리시키려는 시도는 모두 철폐되어야 한다. 이 둘이 서로 분리되면 해석자들의 변덕에 따라 카멜레온처럼 사건의 색이 변할 것이기 때문이다.

하나님의 자기 계시의 정점은 "능력의 말씀으로 만물을 붙드시는 하나님의 영광의 광채시요 그 본체의 형상"(히 1:3)이라 칭함을 받으신 '로고스' 곧 그리스도의 인격과 사역이다. 하나님의 최고의 자기 계시는 성육신, 곧 육신을 입고 우리의 이해 수준에 맞게 말을 건네시는 '말씀(the Word)'이시다.

빌립은 예수님께 이렇게 말했다. "주여 아버지를 우리에게 보여주옵소서 그리하면 족하겠나이다 예수께서 가라사대 빌립아 내가 이렇게 오래 너희와 함께 있으되 네가 나를 알지 못하느냐 나를 본 자는 아버지를 보았거늘 어찌하여 아버지를 보이라 하느냐"(요 14:8-9). 이 깜짝 놀랄 만한 선언, "나를 본 자는 아버지를 보았느니라"라는 말씀은 하나님에 대한 크리스천의 모든 진술에 초석이 된다. 크리스천을 부정의 방법에서 긍정의 방법으로 인도하는 것이 바로 이 성육신이다.

구체적이고 추상적인 언어

역사상 숨어 있는 하나님과 계시된 하나님 사이의 긴장의 장벽을 극복하기 위해 하나님에 대한 언어를 정련하고 세련되게 만들고자 했던 많은 시도들이 있었다. 철학적인 용어들은 학자들에게 도움이 되기도 하지만 종종 단의어와 유추어를 혼동하게 만들기도 한다. 우리는 하나님의 본질을 통찰하기 위해 종종 추상적인 언어를 사용해왔다. 어떤 사람들은 딜레마를 피하기 위해 '하나님을 초월하는 하나님(God beyond God)'을 찾았지만 불행하게도 하나님을 초월하는 하나님은 없다. 그리고 인간 언어의 유추적인 한계를 극복하려면 우리는 먼저 자신의 인간성을 극복해야 할 것이다. 우리의 모든 언어는 의인화되어 있다. 왜냐하면 우리는 모두 안트로포이(anthropoi, 인간)이기 때문이다. 하나님에 대한 인간의 말은 거기에 단의적인 무게를 덧붙인다면 모두 거부되어야 한다. 의미 신장하게 말하려고 단의적으로 말하는 것은 쓸데없는 일이다.

헬무트 골비처(Helmut Gollwitzer)는 특수하고 구체적으로 말하는 방식이 일반적이고 추상적으로 말하는 방식보다 훨씬 더 바람직하며, 나아가 인간적으로 말하는 방식이 비인간적이거나 중성적으로 말하는 방식보다 더 낫다고 적절하게 진술했다.[5] 구체적이고 단순한 상(像)들로 말하는 것은 그것들이 단의적으로 해석되면 안 된다는 점을 명백하게 보여주는 것이다.

하나님께서 모세에게 "여호와의 손이 짧아졌느냐"(민 11:23)라고 말씀하셨을 때, 이것이 실제로 "모세야, 너는 나를 불구의 신으로 취급하느냐? 내 팔이 연약하냐?"라고 물으신 것인가? 여기서 하나님께서는 자신의 불가항력적인 힘을 분명하고 생생하게 말씀하신 것이다. '여호와의 손'이라는 말은 성경에 자주 나오는 상으로 단순하고 의미 있게 의사를 전달한다.

하나님께서 "이는 삼림의 짐승들과 천산의 생축이 다 내 것"(시 50:10)이라고 말씀하셨을 때, 이것은 분명 하나님께서 하늘의 대목장주로서 종종 사단과 목장에서 총격전을 벌이신다는 의미는 아닐 것이다. 오히려 이것은 하나님께서 자신의 피조물들에 대해 소유권을 주장하며 우리가 그분의 주권에 경배드려야 한다는 의미일 것이다. 상이 더 단순하고 구체적일수록 혼동은 크게 줄어든다.

우리는 "하나님 아버지를 내가 믿사오며"라고 고백한다. 이런 고백은 지어낸 상상이나 마음에 떠오른 관념에 대한 표현이 아니라 창조와 역사와 사역과 말씀과 특히 그리스도 안에서 당신을 증거하는 분에 대한 반응이다. 하나님에 대한 우리의 말은 합당하다. 왜냐하면 하나님께서 인간의 활동 영역으로 친히 들어오셨기 때문이다. 우리는 하나님이 있다고 고백할 뿐만 아니라 하나님을 알 수 있으며 하나님에 대한 우리의 지식을 의미 있게 전달할 수 있다고 고백한다.

전능하사 ...
하나님 아버지를
내가 믿사오며

I believe in God
the Father Almighty.

영적인 유전적 특질

하나님의 부성(父性), 곧 아버지 되심은 그동안 기독교 교회에서 많은 논쟁을 불러일으켰다. 18세기 미국에서는 유니테리언 주의(Unitarianism)*가 전통 기독교의 한 대안으로 등장했다. 그들 교리의 핵심은 하나님의 보편적인 부성과 사해 동포주의였다. 보편적인 부성은 19세기 자유주의 기독교에서도 필수적인 요소였다. 인류학의 발전은 '비교 종교학'의 발달을 촉진시켰는데, 이 비교 종교학은 세계 여러 종교들에서 보편적 신앙의 본질을 추출하려 했다. 이런 기본적인 공통 요소가 있다면 적어도 개념적으로는 모든 종교가 통합될지도 모르겠다. 하나님이 모든 인류의 아버지라는 사실이 증명된다면, 당연히 모든 인류는 형제 자매가 될 것이고 누구도 아버지에 대해서 배타적인 지식이나 특권을 주장할 수 없을 것이다.

---

*삼위 일체설을 부인하고 하나님의 단일적 인격성을 주장하며 그리스도의 신성을 부인함

하나님의 부성은 또한 1960년대와 1970년대에 유행했던 반문화 운동(Counterculture)* 교회의 한 요소였는데, 이런 교회들은 '물병자리(Aquarius)시대' **에 상응하는 종교 시대를 추구했다. 두 편의 시가 이런 분위기를 단적으로 보여준다. 다음은 "지구에 평화가 찾아오게 하라(Let Peace Begin on Earth)"라는 시의 후렴부다.

우리 아버지이신 하나님과 더불어
우리는 모두 형제니
나는 내 형제와 동행하리라
완벽한 조화 속에서

'한 하나님(One God)'이라는 또다른 서정시는 이런 분위기가 훨씬 더 뚜렷하다.

허다하게 많은 사람들이 그분을
각기 다른 많은 이름으로 부르나
그분은 각 사람을 똑같이 사랑하는 한 아버지시니.

이렇게 하나님 아버지 밑에서 이루어지는 통일이 아주 그럴듯하게 들리지만 사실은 매우 잘못된 것이다. 왜냐하면 이런 발상은 하나님의 거룩하심이나 인간의 조건이라는 현실에 들어맞지 않기 때문이다.

---

*기성 세대의 가치를 타파하려는 젊은이들의 문화 운동
**점성술에서 말하는 자유와 형제애의 시대

아브라함의 자녀, 진노의 자녀

신약 성경은 하나님을 두 가지 면에서 아버지라 부른다. 광의의 의미로, 하나님은 모든 피조물의 아버지시다. 바울은 아레오바고 설교에서 하나님의 보편적 부성에 대해 다음과 같이 넌지시 언급한다.

> 인류의 모든 족속을 한 혈통으로 만드사 온 땅에 거하게 하시고 저희의 연대를 정하시며 거주의 경계를 한하셨으니 이는 사람으로 하나님을 혹 더듬어 찾아 발견케 하려 하심이로되 그는 우리 각 사람에게서 멀리 떠나 계시지 아니하도다 우리가 그를 힘입어 살며 기동하며 있느니라 너희 시인 중에도 어떤 사람들의 말과 같이 우리가 그의 소생이라(행 17:26-28).

> 전능하사 … 하나님 아버지를 내가 믿사오며.

바울은 우리의 기원과 존재 유지의 측면에서 하나님께 전적으로 의존해 있다는 의미로 모든 인류가 하나님의 '소생'이라고 인정한다. 창조주로서 하나님은 궁극적인 시조다. 또한 하나님께서는 일반 은총을 후하게 주신다. 하나님께서는 의로운 자뿐만 아니라 불의한 자에게도 비를 내리신다(마 5:45).

그러나 하나님을 아버지라 부르는 것은 하나님의 창조 능력이나 우주에 대한 통치를 인정하는 것 이상의 의미가 있다고 성경은 가르친다. 무엇보다도 성경은 그리스도와의 관계를 제쳐놓는다면 개인적인 부자 관계가 성립하지 않는다고 말한다. 예수님과 그 당시 사람들에게 아들 됨과 아버지 됨의 문제는 결정적이고도 격렬한 논쟁거리였다. 예수님께서 유대인들에게 죄에 매였다고 말씀하시자 그들은 조상들과 자신들의 관계를 들먹였다. 하나님께서 아브라함에게 언약을 주셨다는 것이다. 예수님 당시의 사람들은 "우리 아버지는 아브라함이라"고 주장했다.

그러나 예수님께서는 다음과 같이 말씀하셨다.

> 예수께서 가라사대 너희가 아브라함의 자손이면 아브라함의 행사를 할 것이어늘 지금 하나님께 들은 진리를 너희에게 말한 사람인 나를 죽이려 하는도다 아브라함은 이렇게 하지 아니하였느니라 너희는 너희 아비의 행사를 하는도다 대답하되 우리가 음란한 데서 나지 아니하였고 아버지는 한 분뿐이시니 곧 하나님이시로다 예수께서 가라사대 하나님이 너희 아버지였으면 너희가 나를 사랑하였으리니 이는 내가 하나님께로 나서 왔음이라 나는 스스로 온 것이 아니요 아버지께서 나를 보내신 것이니라 어찌하여 내 말을 깨닫지 못하느냐 이는 내 말을 들을 줄 알지 못함이로다(요 8:39-43).

예수님께서는 하나님에 대한 일반적으로 유리한 지위를 명백히 부인하신다. 아들 됨과 순종은 불가분의 관계다. 우리는 우리가 사랑하고 섬기는 분의 자녀. 아버지 하나님을 공경하는 것은 아들 하나님을 공경하는 것이다. 하나님을 아버지라고 주장하면서 아들을 부인하는 것은 성경의 부성(父性)의 핵심을 깨닫지 못한 것이다. 예수님께서는 "아들을 공경치 아니하는 자는 그를 보내신 아버지를 공경치 아니하느니라"(요 5:23)라고 분명하게 말씀하셨다. 이와 같은 제한적인 배타성 때문에 유대인들이 격분했는데 이것은 오늘날에도 마찬가지다. 성경은 아들 됨을 생물학적 용어로 규정하지 않는다. '빛의 자녀들'과 '어둠의 자녀들' 사이에는 영적인 차이가 분명히 있다. 우리는 하나님의 자녀로 태어나지 않는다. 혈통을 근거로 하나님과 자동적으로 부자 관계를 맺는다고 믿은 것이 이스라엘의 결정적인 오류였다. 아들 됨은 믿음을 통해 오는 것이지 유전을 통해 오는 것이 아니다. 바울은 우리가 '본질상 진노의 자녀'(엡 2:3)였다고 말한다.

신령한 자녀들

니고데모는 당황했다. 유대 민족의 종교 지도자였던 그는 예수님 안에서 자신과 산헤드린 공회원들에게서 볼 수 없는 하나님에 대한 심원한 지식을 보았다. 그리하여 어느날 밤, 어딘지 알 수 없는 예루살렘의 한 집에서 희미한 등불을 의지해 니고데모는 예수님께서 하시는 말씀을 이해하려고 애쓰고 있었다. 예수님께서는 정말로 거듭나야 한다는 의미로 말씀하신 것인가? 거듭나야 한다는 예수님의 말씀은 니고데모가 하나님을 모를 뿐만 아니라 하나님과 아무 관계도 없다는 뜻인가? 예수님께서는 이렇게 말씀하셨다.

> 진실로 진실로 네게 이르노니 사람이 거듭나지 아니하면 하나님나라를 볼 수 없느니라 니고데모가 가로되 사람이 늙으면 어떻게 날 수 있삽나이까 두번째 모태에 들어갔다가 날 수 있삽나이까 예수께서 대답하시되 진실로 진실로 네게 이르노니 사람이 물과 성령으로 나지 아니하면 하나님나라에 들어갈 수 없느니라 육으로 난 것은 육이요 성령으로 난 것은 영이니(요 3:3-6).

예수님께서는 아기가 모태로부터 처음 나올 때처럼 그렇게 근본적으로 영이 새롭게 되는 것, 곧 중생과 아들 됨을 연관지으신다. 아들 됨은 자연 발생적인 일이 아니라 성령님의 사역이다. "영접하는 자 곧 그 이름을 믿는 자들에게는 하나님의 자녀가 되는 권세를 주셨으니 이는 혈통으로나 육정으로나 사람의 뜻으로 나지 아니하고 오직 하나님께로서 난 자들이니라"(요 1:12-13). 이러한 중생은 인간의 노력이나 유전이나 업적으로 이루어질 수 없다. 오직 성령의 능력으로만 하나님의 자녀가 된다. 이것을 가장 분명하게 말하고 있는 곳은 바울이 로마서 8장에서 아들 됨에 대해 가르친 부분일 것이다.

> 무릇 하나님의 영으로 인도함을 받는 그들은 곧 하나님의 아들이라 너희는 다시 무서워하는 종의 영을 받지 아니하였고 양자의 영을 받았으므로 아바 아버지라 부르짖느니라 성령이 친히 우리 영으로 더불어 우리가 하나님의 자녀인 것을 증거하시나니 자녀이면 또한 후사 곧 하나님의 후사요 그리스도와 함께한 후사니 우리가 그와 함께 영광을 받기 위하여 고난도 함께 받아야 할 것이니라(14-17절).

예수님께서 제자들에게 기도할 때 하나님을 '우리 아버지여'라고 부르라고 가르치신 것은 그들과 독특한 특권을 나누신 것이다. 아버지라는 말에는 하나님께서 우리에게 아버지로서 베푸시는 사랑과 관심의 역사가 배어 있다. 하나님을 아버지라 부를 때 우리는 하나님께 찬송과 영광을 돌릴 뿐 아니라 우리에 대한 하나님의 권위를 인정하는 것이다.

이러한 부자 관계는 신자와 하나님 사이의 강력한 수직 관계다. 신자 상호간은 강력한 수평 관계로 묶여 있다. 이것은 기이하고도 새로운 족보다. 우리는 세상 모든 사람들과 이웃이 되지만 형제 됨은 오직 그리스도와의 관계로 말미암는다.[1] 궁극적인 의미로는 오직 그리스도만 하나님의 아들이시다. 그리스도는 '독생자'시다. 그러나 그리스도 안에서 우리는 하나님의 가족으로 입양되었다. 우리는 그리스도와 연합된 다른 모든 아들 딸들과 함께 형제 자매를 이룬다. 우리는 신학적 성향 때문에 서로 나뉠지 모른다. 심지어 어떤 사람들과는 신앙적으로 관련되는 것을 바라지 않을지도 모른다. 그러나 모두 한 성령을 받았다면 형제 됨은 존재한다. 우리가 영적 가족들을 선택할 수는 없다.

전능하심

하나님께서는 이스라엘 백성들에게 '전능하신 하나님'으로 알려지셨다. 단순히 '강력'하신 것이 아니라 '전능'하시기 때문에, 하나님께서는 이교도의 잡신들과 구별되었다. 하나님의 능력은 모든 피조물에 미친다. 폭풍이 참으로 하나님의 두려운 능력을 증거할지라도 하나님은 폭풍의 신이 아니다. 하나님은 풍작의 신도 아니다. 그러나 그분은 계절의 변화를 통제하신다. 그분은 마르스(Mars)처럼 전쟁의 신은 아니지만 어떤 전쟁도 그분의 뜻을 거스를 수 없다. 그분은 전능하시다.

하나님의 속성들을 목록으로 작성하면, 하나님께서는 보통 전지 전능하심으로 묘사된다. 하나님의 전능하심은 늘 대답하기 곤란한 질문을 던져서 신학교 교수들을 골탕먹이고 싶어하는 많은 신학생들의 표적이었다.

"하나님께서는 자신도 들어올릴 수 없는 거대한 바위를 만드실 수 있을까요?"

이것은 만만찮은 질문으로 들린다. 그렇다고 대답하면, 하나님의 전능하심을 변호하면서 한편으로는 그것을 부인하게 된다. 왜냐하면 하나님께서 무언가를 하실 수 없다고, 즉 그 바위를 들어올릴 수 없다고 말하는 것이기 때문이다. 부정적으로 대답하더라도 여전히 하나님께서 무언가를 하실 수 없다고, 즉 그런 바위를 만드실 수 없다고 말하는 것이다. 아니면 기본 가설, 즉 전능이란 단의적(單義的)으로 "하나님께서 무엇이든지 하실 수 있다"는 뜻의 가설에 오류가 있을 수가 있다. 이 말 자체가 문자적으로 '전(모든)'과 '능(힘이나 능력)'이다. 이것은 추상적인 용어가 우리를 얼마나 신학적인 곤경에 빠뜨릴 수 있는가를 보여주는 한 예다. 전능이라는 말에는 결코 하나님께서 모든 것을 하실 수 있다는 점을 암시하려는 의도는 없다. 성경은 하나님께서 하실 수 없는 일들에 대해 솔직하게 말한다.

- 하나님은 영원한 생명의 근원이다. 그러므로 죽을 수 없다(렘 10:10, 요 5:26).
- 하나님은 불완전할 수 없다(삼하 22:31, 마 5:48).
- 하나님께서는 말씀을 바꾸거나 경륜을 변경하실 수 없다(시 33:11, 사 46:10, 약 1:17).
- 하나님께서는 거짓말하실 수 없다(딛 1:2, 히 6:18).

하나님께서 그런 일들을 하신다면 그것은 하나님이 아닐 것이다. 그런데 하나님은 하나님이 아니실 수 없다. 하나님께서는 자신의 속성에 반(反)하는 행위를 하실 수 없다. 이것은 창조에 의해 하나님께 부여된 한계가 아니라 본질적이고 영원한 한계다. 바른 신학적 견지에서 전능을 이해한다면, 바위의 문제는 곧 사라진다.

전능은 단순히 하나님께서 창조 세계를 통제하며 그것에 대해 주권을 행사하신다는 의미다. 즉 전능은 하나님의 속성을 묘사하는 것이라기보다는 하나님과 창조 질서와의 관계를 묘사하는 것이다. 전능을 그렇게 이해한다면, '대답하기 곤란한' 앞의 질문에 대한 대답은 명백해진다. 대답은 만드실 수 없다는 것이다. 하나님께서는 자신이 들어올릴 수 없는 거대한 바위를 만드실 수 없다. 하나님께서 그런 바위를 만드실 수 있다고 말하는 것은 하나님의 통제 범위를 벗어난 창조 세계가 있을 수 있다고 말하는 것과 같다. 이것은 하나님의 전능을 부인하는 것이다. 하나님께서 그런 바위를 만드실 수 없다고 말하는 것은 하나님의 전능을 부인하는 것이 아니라 오히려 인정하는 것이다.

엘 샤다이(El Shaddai)

이스라엘 사람들이 하나님을 부를 때 사용했던 특별한 이름들 가운데 하나는 하나님의 전능하신 능력과 밀접한 관련이 있다. 엘 샤다이라는 이름은 족장 시대부터 시작되었다. 언어학적으로 이 말은 '압도하다' 또는 '파괴하다'라는 뜻의 히브리어 동사에서 나왔을 수도 있다. 어떤 학자들은 '벼락치는 자' 또는 '충족한 자'라는 말에서 어원을 찾기도 한다. 그러나 가장 그럼직한 의미는 '압도하는 자'다. 욥기에 이 말이 자주 사용되었다는 사실은 이런 견해에 신빙성을 더해준다.[2] 욥은 하나님의 능력에 압도당한다(38-42장 참조). 하나님의 능력은 그분께 대항하는 모든 자들에 대해 나타난다. 시편 기자는 하나님을 대적해 모인 세계 열강들의 정상 회담을 묘사한다.

어찌하여 열방이 분노하며 민족들이 허사를 경영하는고 세상의 군왕들이 나서며 관원들이 서로 꾀하여 여호와와 그의 기름 받은 자를 대적하며 우리가 그 맨 것을 끊고 그 결박을 벗어버리자 하도다 (시 2:1-3).

하나님께서는 이렇게 당신을 대적하여 연합한 세력들을 비웃으신다. "하늘에 계신 자가 웃으심이여"(4절). 하나님을 대적하여 모인 자들이 힘을 모두 합해도 그것은 '으르렁거리는 생쥐들' 같을 뿐이다. 하나님과 전쟁을 벌이는 자들의 어리석음은 그들의 오만과 짝을 이룬다. 다른 곳에서 시편 기자는 이렇게 선언한다. "이방이 훤화하며 왕국이 동하였더니 저가 소리를 발하시매 땅이 녹았도다"(시 46:6). 하나님의 입에서 나오는 한마디는 땅을 녹이기에 충분하다!

옛날 이스라엘은 이런 하나님의 상(像)을 독재적이거나 전제적인 신정 정치의 형국으로 바라보지 않았다. 그것은 이스라엘의 큰 소망이었다. 이스라엘의 하나님께서는 무능하지 않으며 당신을 영광의 왕으로 나타내신다.

문들아 너희 머리를 들지어다 영원한 문들아 들릴지어다 영광의 왕이 들어가시리로다 영광의 왕이 뉘시뇨 강하고 능한 여호와시요 전쟁에 능한 여호와시로다 문들아 너희 머리를 들지어다 영원한 문들아 들릴지어다 영광의 왕이 들어가시리로다 영광의 왕이 뉘시뇨 만군의 여호와께서 곧 영광의 왕이시로다 (시 24:7-10).

천지를 만드신
하나님 아버지를
내가 믿사오며

I believe in God...,
Maker of heaven and earth.

혼돈과 존엄성에 대하여

당신은 누구인가? 어디로 가고 있는가? 이런 질문들에 대해 어떻게 대답할 것인가, 그리고 대답을 할 때 당신이 스스로에 대해 어떻게 느낄 것인가 하는 점은 대체로 "당신은 어디에서 왔는가?" 하는 또다른 질문에 달려 있다. 당신이 뭐라 대답하든 감정은 긍정이든 부정이든 생각을 따르기 마련이다. 이런 느낌들은 자기 가치와 정체성을 만드는 요소들이다.

두 가지 대답이 더 있을 수 있다. 하나는 사랑이 많으신 창조주 하나님의 의도적인 계획과 독특하고 인격적인 구상이라는 것이고, 또다른 하나는 원시 시대의 따뜻한 연못에서 아미노산이 우연히 결합한 결과라는 것이다.

하나님을 창조주라고 고백하는 것은 곧 우리가 궁극적인 가치가 없는 우주의 우연한 산물이 아니라고 고백하는 것이다. 우리는 의미 있는 어딘가로부터 왔고 중요한 목적지를 향해 가고 있다. 이것이 사실이라면 이것은 환영할 소식이다. 20세기의 사건들과 철학들은 서로 맞장구를 치며 우리의 신념을 위기에 빠뜨리고 있다. 생활 전반 구석구석에 미치는 빠른 변화는 우리를 혼돈의 위기로 몰아가고 있다.

- 모뎀을 통해 인터넷과 연결되면 나는 1900년에 의회 도서관에서 모든 책들을 산더미처럼 쌓아올린 것보다 더 많은 지식을 손가락 끝으로 끌어낼 수 있다. 불행하게도 이런 지식의 저장고를 따라가면 하찮거나 불쾌한 연구 성과들과 의미 없는 철학들을 넘나들면서 수천 개의 홈페이지를 항해해야 한다.
- 많은 차들이 닐 암스트롱(Neil Armstrong)을 달로 보냈던 것보다 더 정교한 컴퓨터를 달고 다닌다. 그러나 자동차가 급증함에 따라 내가 가야만 하는 장소들도 덩달아 늘어나 무책임한 운전자들 틈에서 허송 세월하는 시간도 늘었다.
- 이런 유형의 원고들을 모으고 인쇄판을 제작하고 인쇄 기계를 돌리는 기술은 19세기 인쇄업자들의 꿈을 실현한 일일 것이다. 그러나 기술 혁신으로 인한 효율 상승과 생산성 증대가 우리에게 감동적인 작품들을 읽을 시간도 더 많이 주었는가?
- 휴대폰과 위성 방송과 화상 대화는 우리를 지구촌 가족으로 만들었다. 그러나 각 개인들은 전보다 더 고립되고 외로워 보인다.

절망과 맞닿아 있는 불안이 우리가 살고 있는 어느 알 수 없는 순간에 문명을 침투했다. 불행하게도 새로운 과학 기술이 등장하는 동안, 옛 철학들은 거기에서 누릴 수 있는 기쁨을 우리들로부터 빼앗아갔다.

19세기 인본주의에 만연해 있던 단순한 낙관주의는 무신론적 실존주의, 곧 존재의 의미를 고찰할 때마다 드리워지는 그림자 같은 이 무신론적 실존주의의 회의론에 무너졌다.

천지를 만드신 …

현대 철학의 중요한 인물 가운데 하나인 마르틴 하이데거(Martin Heidegger)는 인간을 시간의 혼돈이라는 덫에 걸린 존재로 보았다. 인간은 시간의 흐름을 의식하기는 하지만 인생이라는 수수께끼에서 결정적인 두 가지 문제를 해결할 수 없으므로 고통을 겪는다. 우리는 우리 자신이 어디에서 왔는지 알지 못한다. 그리고 그곳이 어디든지 간에 어디로 가고 있는지 알지 못한다. 성 중립(gender neutrality)과 소재 인식(orientation)*의 혼돈 덕분에 우리는 심지어 자신이 남자인지 여자인지조차 의심스럽다.

이것이 바로 하이데거가 '던져졌다'고 명명한 상태다. 각 사람은 아무렇게나 인생 속에 던져졌으며, 그 다음에는 마치 지진이 휩쓸고 지나간 것처럼 이리저리 흔들리고 있다고 느낀다. 확실한 한 가지는 오직 죽음뿐이다. 이런 곤경은 불안을 일으킨다. 남자든 여자든 이런 불안에 어떻게 대처하느냐에 따라 인생의 '확실성'이 결정된다. 불안에 압도당한 사람은 확실한 존재의 모든 희망을 잃는다. 확실한 존재를 얻는 길은 불안한 미래에 정면으로 맞서서 자유롭게 살려는 용기뿐이다. 인생에 유일한 의미를 부여하는 것은 실존주의적 영웅이다. 이 시나리오에 따르면 희망을 주는 것은 하나님이 아니라 인간의 창조적인 힘이다.

20세기가 시작되던 해에 죽은 니체(Friedrich Nietzsche)도 비슷한 이

---

*자기와 시간적, 공간적, 대인적 관계의 인식

야기를 했다. 그는 허무주의의 기본적인 내용들을 공식화했다. 신은 죽었고 그리하여 오직 허무만 남는다. 우리가 스스로 창조하는 것 외에는 어떤 가치도 목적도 없다. 불확실한 인간은 비슷한 부류들의 보호막 속으로 도망쳐서 그런 떨거지들의 윤리 안에서 위안을 구한다. 허무의 위협에 정면으로 맞서지 않는다면 이러한 떨거지들의 노예가 되는 것이 유일한 대안이다.

실존주의는 혼돈의 황량한 실재에 초점을 맞춤으로써 우리에게 크게 기여한 바 있다. 실존주의자들은 교묘하게 짜인 형이상학의 융단 밑에서 인간 존재의 위협적인 면들을 일소하는 것을 불가능하게 만들었다. 그들은 인간의 비극을 심각하게 받아들이지 못하는 모든 인위적인 체계를 향해 "그건 아니다"라고 말한다. 그럼에도 불구하고 실존주의자들은 혼돈에 대해 믿음의 맹목적인 도약이나 혼돈된 용기 외에는 아무런 대안을 주지 못했다. 어떤 가치도 존재하지 않는다면 결국 실존주의도 아무 가치가 없다. 아마도 실존주의의 용어로 혼돈에 대해 가장 일관되게 제시할 수 있는 대답은 침묵일 것이다. 그러나 물론 실존주의자들은 일관성의 필요를 느끼지 못한다. 일관성은 인생의 혼돈을 부인하는 것이기 때문이다.

인산이 처한 곤경을 해결하기 위해 또다른 대안들이 나왔다. 기계론적 결정주의자들과 초혁명주의자가 내놓은 해답을 보면 인간이라는 동물은 원시의 늪에서 출현한 가장 고도로 발달한 생명의 단계라는 것이다. 잘 성숙한 미생물 인간은 우연한 우주의 작용의 결과이며 따라서 인류의 운명은 이렇게 무심하고 비인간적인 작용에 따라 결정된다. 이런 견해를 통해 인간 존재의 기원에 대해 좀더 심사 숙고하게 된다. 이것은 인간 존재의 목표에 대해 실존주의처럼 아주 캄캄한 암흑 속을 헤매게 하지는 않는다. 그럼에도 불구하고 이것은 우리에게 의미 있는 방향을 제시하지 못한다.

늪에서 시작했던 것은 결국 조직의 해체나 분열을 초래할 수밖에 없다. 에드워드 J. 카넬(Edward J. Carnell)은 이것을 다음과 같이 묘사했다. "현대인은 언젠가는, 힘이 부족해 작동을 멈추게 될 우주라는 거대한 기계의 톱니바퀴 위에 앉아 있는 성숙한 미생물처럼 보인다."[1]

기계적인 견해로는 인생의 의미를 깨닫지 못한다. 기계주의적인 윤리학을 발전시키려는 시도들이 있었지만 모두 실패했다. 미생물이 왜 도덕적이어야 한단 말인가? 우주의 우연한 산물이라면 내가 왜 너와 관계해야 하는가? 죽음보다 삶이 더 좋을 이유가 어디 있는가? 인생에 특별한 것이 어디 있는가? 인간이 돌보다 존중받아야 할 이유가 어디 있는가? 적대적인 세상보다 무관심한 세상이 더 파괴적인 법이다.

창조에 대한 성경의 견해는 혼돈의 위협 앞에서 물러서지 않는다. 구약성경에서 혼돈의 힘은 바다와 원시 바다 괴물이라는 상징과 밀접한 관련이 있다. 고대 이스라엘 사람들은 바다의 위협적인 힘과 생기를 공급하는 강의 위로를 대조했다. 사나운 폭풍이 지중해를 휩쓸고 지나갔다. 해양 족속인 블레셋인들의 공격은 늘 공포의 대상이었다. 그러나 요단강은 메마른 땅에 생기를 공급했다. 시편 46편은 강이 죽음을 생명으로 이기고 평화로 사나움과 혼돈을 이기는 승리를 다음과 같이 묘사한다.

> 하나님은 우리의 피난처시요 힘이시니
> 환난 중에 만날 큰 도움이시라
> 그러므로 땅이 변하든지
> 산이 흔들려 바다 가운데 빠지든지
> 바닷물이 흉용하고 뛰놀든지
> 그것이 넘침으로 산이 요동할지라도

우리는 두려워 아니하리로다

한 시내가 있어 나뉘어 흘러 하나님의 성

곧 지극히 높으신 자의 장막의 성소를 기쁘게 하도다

하나님이 그 성중에 거하시매 성이 요동치 아니할 것이라

새벽에 하나님이 도우시리로다(1-5절).

바다 괴물은 원시의 혼돈에서 계속 반복되는 상(像)이었다. 오직 이스라엘의 신앙 안에 혼돈에 대한 궁극적인 승리가 있다. 창세기는 이렇게 시작된다.

태초에 하나님이 천지를 창조하시니라 땅이 혼돈하고 공허하며 흑암이 깊음 위에 있고 하나님의 신은 수면에 운행하시니라 하나님이 가라사대 빛이 있으라 하시매 빛이 있었고 그 빛이 하나님의 보시기에 좋았더라 하나님이 빛과 어두움을 나누사 (1:1-4).

하나님의 신이 수면에 운행하며 일할 준비를 하실 때 땅은 혼돈하고 어두웠다. 이것은 아직 창조가 완성되지 않은 상태 이상의 무엇을 의미하는 것은 아닐 것이다. 또는 혼돈의 세력에 대한 하나님의 승리를 돋보이게 하려고 이런 식의 설명을 붙였는지도 모르겠다. 어떤 경우든지 간에 하나님의 능력은 우주의 빈 자리에 두루 미쳐 혼돈의 자리를 조금도 남겨두지 않으셨다. 하나님의 신이 운행하셨다. 그리하여 어디에도 매이지 않는 창조적인 능력이 당연한 축복을 낳았다. 곧 보시기에 좋았다.

크리스천은 혼돈보다 훨씬 더 큰 능력을 가지신 하나님을 고백한다. 뱀은 남자와 여자를 타락시키지만 궁극적으로는 인간을 멸망시킬 수 없다.

기독교는 선과 악, 음과 양, 혼돈과 질서, 사단과 여호와라는 영원한 이원론을 알지 못한다. 오히려 하나님께서는 혼돈을 통치하신다. 하나님께서는 욥에게 이렇게 물으셨다. "네가 능히 낚시로 악어를 낚을 수 있겠느냐"(욥 41:1). 여기에서 욥의 무능함은 하나님의 능력과 뚜렷한 대조를 보인다. 악을 이기는 하나님의 능력은 너무나 위대하므로 그분은 원시 바다 괴물을 향해 낚싯줄을 던져 그것을 낚으신다.

창조의 목적은 무의미하지 않다. 성령님께서 수면을 운행하시므로 혼돈과 공허로부터 질서가 나왔다. 어둠으로부터 관통하는 빛이 나왔다. 창조 기사는 한 날에서 그 다음날로 점점 고조되어나가다가 마침내 여섯째 날에 이르러 절정을 이룬다. 그날 하나님의 창조에서 가장 찬란한 위업이 달성된다. 곧 하나님께서 인간을 창조하신 것이다.

인본주의자들의 차선책

인본주의는 근래의 철학 현상이 아니다. 'homo mensura', 즉 "인간은 만물의 척도"라고 주장했던 사람은 바로 고대 그리스의 철학자 프로타고라스였다. 프로타고라스의 생각에 의하면 인간이라는 수단으로 모든 가치와 이상을 판단할 수 있다는 것이다. 창조는 궁극적으로 이 이상적인 피조물을 고귀한 자리에 놓았다. 어떤 형태든지 인본주의의 핵심은 인간에 대한 관심이다.

크리스천 또한 인간에게 깊은 관심을 가지고 있기 때문에 어떤 면에서 보면 기독교와 인본주의를 구분하기는 매우 어렵다. 둘다 소외를 극복하려고 노력하고 또한 둘다 인간의 존엄성을 인정한다. 그러나 존엄성의 근거에 대해 이 둘은 근본적인 차이를 보인다. 크리스천은 인간 상호간의 수평 관계와 인간과 하나님과의 수직 관계를 서로 뗄 수 없다고 생각한다. 인간적인 수평 관계에 머무는 것은 인간의 영원한 가치를 거부하는 것이다. 에덴 동산에서 아담과 하와가 하나님의 명령을 어기자 곧 가인이 아벨을 죽이는 살인이 뒤따랐다. 불화는 수평적으로 발생하기 이전에 이미 수직적으로 나타났다.

예수님께서는 율법을 요약하시면서(마 22:37-39) 먼저 신명기 6장 5절 말씀을 인용하셨다. "네 마음을 다하고 목숨을 다하고 뜻을 다하여 주 너의 하나님을 사랑하라." 이를 근거로 예수님께서는 레위기 19장 18절 말씀을 들어 두번째 강령을 덧붙이셨다. "네 이웃을 네 몸과 같이 사랑하라." 인본주의는 전자와 후자를 분리시킴으로써 우리에게 차선책만 제시한다.

창조주 하나님을 인정하지 않으면서 인간의 존엄성을 높이려 하기 때문에 인본주의자들은 독단적이고 무리한 방식을 취해야 했다. 인간이 혼돈으로부터 우연히 생겨났다면, 왜 존엄하다고 인정해야 한단 말인가? 기독교 신앙의 등장으로 인본주의는 끊임없이 기독교의 가치와 윤리를 수용하면서도 한편으로는 기독교 신학의 핵심적인 것들을 냉혹하게 비난하고 있다. 그러나 이런 신학이야말로 기독교의 가치와 윤리에 의미를 부여하는 유일한 이유다. 누군가 어떤 이유도 대지 않고 이것 저것을 "하라"고 한다면 나는 한 인간으로서 그런 도덕적인 요구에 분개할 것이다. 인본주의자들은 아무 이유도 대지 않고 그저 인간의 경험으로 존엄과 가치가 '기정 사실'이라고 주장한다. 분명 우리는 경험적으로 그들의 판단에 동의한다. 우리의 경험은 인생이 가치 있으며 각 사람이 매우 귀중하고 존엄한 피조물이라고 부르짖는다. 그럼에도 불구하고 이러한 부르짖음이 죽을 운명을 타고난 미생물에서 나온 것이라면 그것은 참으로 공허한 일이다.

최종 목적

창조 기사의 절정, 곧 여섯째 날의 인류의 출현에서는 기독교의 남다른 점을 발견할 수 없다. 오히려 창조 자체의 절정을 보려면 일곱째 날, 곧 안식과 거룩함이 깃든 그날을 봐야 한다. 하나님께서는 안식일에 쉬셨다. 그리고 노동을 일시 중단하는 것 이상의 의미를 담아 이 휴식을 거룩하게 하셨다. 안식일은 안식이 없으면 결국 어떻게 되는지 보여준다. 근심이 있는 곳에는 안식이 없고 죄가 있는 곳에는 근심이 있다. 인간과 하나님과의 수직 관계가 깨진 곳에는 어떤 안식도 있을 수 없다.

이것은 사람이 하나님의 형상으로 창조되었기 때문이다. 이런 사실에는 다른 것은 제쳐놓고라도 분명 하나님의 영광과 거룩하심을 드러내는 특권과 책임이 들어 있다. 죄로 인해 우리가 하나님의 아름다움을 더이상 드러낼 수 없게 되자 그 결과 안식을 잃게 되었다. 거룩함이 없는 곳에는 혼돈이 침범한다. 사람들은 범법자들이 되었다. 이제는 근심이 안식일의 법이 되었다. 그리스도를 논외로 친다면 우리는 죄로 인해 참된 하나님의 형상으로서 실패한 대가를 톡톡히 치르면서 세월을 보내야 하는 '성적 불량자들'이 되었을 것이다.

어거스틴은 「참회록」에서 이렇게 진술한다. "오 하나님, 하나님께서는 우리를 당신 자신을 위해 만드셨습니다. 그러므로 우리가 하나님 안에서 안식을 발견할 때까지 우리 마음은 쉴 수 없습니다." 어거스틴은 문제의 핵심에 들어왔다. 살인자 가인은 형벌을 받아 유리 방황하게 되었다. 창조주 하나님과 원래의 관계를 회복하지 못한다면 우리 역시 끊임없이 떠도는 형벌을 면치 못할 것이다.

크리스천의 목적은 사람이 존재해야 할 이유를 가지는 것, 곧 웨스트민스터 소요리 문답의 용어를 빌리면 '사람의 제일 되는 목적'을 가지는 것이다. 그렇다면 궁극적으로 만족할 만한 목적은 무엇인가? 소요리 문답이 제시하는 답은 이것이다. "사람의 제일 되는 목적은 하나님을 영화롭게 하고 하나님으로 말미암아 영원토록 즐거워하는 것이다." 하나님을 영화롭게 하는 것과 즐거움은 이렇게 불가불 관련되어 있다. 이것을 바꿔 말하면 하나님을 치욕스럽게 하고 하나님의 영광을 손상시킬 때, 우리는 필연적으로 안식하지 못하게 된다. 오직 순종만 즐거움을 가져다준다. 인본주의의 공식을 따를 때 일시적인 기쁨을 제쳐놓는다면 진정한 행복을 추구하는 것은 불가능하다. 왜냐하면 인본주의 철학은 하나님을 순종하는 일에서 뒤로 물러나 있기 때문이다.

위대한 인간의 어리석음은 에덴 동산 밖에서 만족을 찾을 수 있다고 상상한 데 있었고, 예수님의 지혜는 창조의 목적을 아는 데 있었다. 예수님께서는 하나님의 형상을 완성하셨다. 인간으로서 그리스도는 오직 하늘에 계신 아버지의 뜻을 이루는 데에만 마음을 기울였다. 그리스노는 이렇게 명하셨다. "너희는 먼저 그의 나라와 그의 의를 구하라 그리하면 이 모든 것을 너희에게 더하시리라"(마 6:33).

거룩하신 하나님, 해방된 인간

인간의 존엄성은 하나님의 거룩하심에 그 뿌리를 두고 있다. 인간의 존엄성은 하나님의 존엄성을 반영하는 것이다. 스스로를 높이려는 자는 "네가 하나님과 같이 되리라" 하는 태초의 유혹에 굴복하고 만다. 오만은 존엄과 다르다. 하나님의 피조물들 가운데 가장 높은 자리를 차지하는 것에도 만족하지 못했기 때문에 아담은 자신의 존엄을 멸시했다. 아담은 권력을 갈망하다가 결국 본래의 존엄마저 잃어버렸다. 창조받은 인간은 자유에 만족하지 못하고 자치를 갈망하다가 결국 대신 노예로 전락하고 말았다. 왜냐하면 인간은 하나님이 될 수 없기 때문이다. 여기에서 그리스도는 인간과 뚜렷한 대조를 보이신다. 그리스도는 "근본 하나님의 본체시나 하나님과 동등됨을 취할 것으로 여기지 아니하시고 오히려 자기를 비어 종의 형체를 가져 사람들과 같이" 되셨다(빌 2:6-7).

첫번째 아담은 하나님의 형상으로 있는 것에 만족하지 못했다. 그는 오만하게도 하나님과 동등됨을 취하려 했다. 그러나 둘째 아담이신 예수님께서는 겸손하게도 하나님과의 동등됨을 포기하고 사람의 형상을 취하셨다. 허버트 리처드슨(Herbert Richardson)은 우리에게 하나님의 거룩하심과 존엄하심의 관계를 다음과 같이 제시한다.

> 카봇(kabod, 영광)은 하나님의 본성이나 본질이 아니다. 그것은 하나님께서 누구신가를 규정하지 않는다. 또한 하나님의 카봇은 하나님의 존재 자체도 아니다. 왜냐하면 카봇라는 말은 이름으로 적절히 사용될 수 없기 때문이다. 오히려 하나님의 카봇은 하나님이 누구신가 하는 그분의 존재에 적절한 무게나 중요성이나 정도나 존엄이다 … 거룩하심은 본질(즉 하나님의 본성의 속성)에 대한 것도 아니고 존재(즉 하나님의 본체)에 대한 것도 아니다. 오히려 그것은 일종의 존엄함이다.[2]

이런 공식을 따른다면 하나님의 거룩하심은 하나님이 누구신가 하는 것의 총계다. 그러므로 우리가 하나님의 거룩하심이나 영광을 말할 때 우리는 하나님의 존엄을 다루는 것이다. 존엄이라는 말은 규정하기가 어렵다. 그러나 인간의 존엄성을 짓밟고 돌을 던지는 일은 많이 있었다. 우리는 본능적으로 존엄이라는 말의 의미를 알고 있지만 분명하게 정의하기는 쉽지 않다. 그러므로 여기서 다시 리처드슨의 도움을 받아보자.

> 존엄은 권위의 초석이다. 그것은 말에 무게를 싣는 것, 즉 말을 명령으로 바꾸는 것이다.

> 존엄은 비극의 초석이다. 그것은 인생에 중요성을 부여하고 하찮은 것들로부터 인생을 회복시킨다.

> 존엄은 의미의 초석이다. 그것은 의미와 같은 것은 아니다 … 의미 있는 인생일지라도 존엄하지 않을 수 있다.[3]

리처드슨은 존엄을 가치와 연관시킨다. 우리가 범죄와 희생자들을 인식하는 방식을 보면 그 관계를 알 수 있다. 과거 한때 보스톤 시는 폭력 조직 패거리들의 싸움터였다. 30건이 넘는 살인이 암흑가에서 순식간에 발생했다. 시민들은 그것을 알았지만 적절한 조치를 요구하는 격렬한 외침이 없었다. 그러나 한 변호사가 습격을 받아 심한 불구가 되자 당장 항의가 빗발쳤다. 법을 수호했던 한 시민의 살인 미수 사건이 조직 폭력배들끼리의 전쟁보다 일반 시민들에게는 훨씬 더 큰 충격이었던 것이다.

일반 국민들은 종종 인간의 존엄함을 구분해서 인식한다. 1963년 미국은 대통령 피살 사건으로 큰 충격에 휩싸였다. 미국 전체와 전세계가 큰 슬픔에 빠져서 케네디 대통령을 기념하는 이름 짓기가 곳곳에서 시작됐다. 뉴욕 아이들와일드(New York's Idlewild) 국제 공항은 케네디 국제 공항으로 이름을 바꿨다. 우주 센터가 있는 케이프 커내버럴(Cape Canaveral)은 케이프 케네디가 됐다. 전세계의 학교, 도로, 건물들이 케네디를 기념해 이름을 바꿨다. 그러나 이 사건의 희생자는 두 명이었다. 같은 암살자에 의해 티펫(Tippet)이라는 경관 한 명도 목숨을 잃었던 것이다. 그렇다면 왜 티펫 국제 공항은 없는가? 그것은 케네디라는 인물과 미국 대통령이라는 직위가 하나처럼 되어 있었기 때문이었다. 대통령이라는 직위 덕분에 케네디에게는 대단한 존엄이 부여되었던 것이다.

1995년 11월, 이스라엘의 라빈 수상이 저격당하자 중동 전체의 정치 현실이 흔들렸다. 1990년대에 중동에서는 수백 건의 피살 사건이 있었는데 라빈 수상의 경우도 그 가운데 하나였다. 그러나 그의 죽음은 가장 잊을 수 없는 결과를 낳았다. 주된 이유는 그의 직위의 존엄함 때문이었다.

존엄함의 차이는 어휘에도 나타난다. 영국에서는 학위에 따라 호칭을 구분한다. 법관들과 선출직 공무원들에게도 특별한 호칭이 부여된다. 존 스미스는 '스미스 박사'나 '스미스 의원'이나 '스미스 각하'라고 불릴 때 대체로 훨씬 더 중요하게 들린다.

그러나 '미생물 스미스'는 같은 느낌을 주지 않는다. 사람들은 미생물을 기념하는 금자탑을 세우지 않는다. 날파리의 죽음을 애도하는 사람은 없다.

이것은 단지 의미론적인 문제나 역사적인 문제가 아니다. 인간의 가치에 대한 인본주의자들의 통찰과 창조 때 나타난 통찰 사이에 큰 차이가 있다는 사실은 매우 중요하다. 마틴 루터 킹 목사는 검은 미생물들에게 동등한 시민권을 부여하려고 일생을 바친 게 아니다. 현재 수많은 사람들이 생명의 권리를 지키기 위해 끈질긴 운동을 하고 있지만 이것은 태어나지 않은 바이러스의 생명을 구하자는 노력이 아니다. 우리가 자동적으로 인간 존재의 존엄을 당연하게 여길지라도, 창조를 도외시한다면 이것은 완전히 허튼소리일 뿐이다.

창조는 항상 인간의 본래적 가치를 다루는 논쟁에서 중심을 차지한다. 그러나 창조는 더이상 유일의 중심이 아니다. 예수 그리스도가 신성을 버리고 인간의 본성을 취하셨을 때, 이런 행위는 홀로 영원히 인간의 존엄성을 드높였다. 그리스도 안에서 창조의 목적이 실현된다. 그리스도는 인간의 존엄의 표준이다. 서구의 주요 도시라면 어디든지 그리스도와 관련된 표지를 보지 않고 지나치기 어렵다. 그리스도의 십자가는 어디에나 있다. 시계가 똑딱거리는 매초마다 어딘가에서는 일단의 사람들이 식탁에 모여 앉아 그리스도의 이름으로 기도를 드리며 식사를 한다. 세계는 그리스도의 존엄을 갈망한다.

창조의 방법

20세기에 천지의 조성자와 관련해 가장 격렬했던 논쟁들 가운데 하나는 창조의 '방법'에 대한 것이었다. 다양한 과학 이론들이 가설로 등장했지만, 어떤 것도 완벽하게 사실을 증명하지는 못했다. 왜냐하면 그런 이론들은 오늘날 누구도 관찰하거나 검증할 수 없는 초기 역사 시대의 사건들을 포함하고 있기 때문이다. 이러한 논쟁들에는 세 가지 철학적인 대안이 있다. 첫째, 우주는 스스로 창조되었다. 둘째, 우주는 영원히 자존한다. 셋째, 우주는 그것 밖에서 자존하는 어떤 것 또는 존재에 의해 창조되었다.

첫번째 대안은 논리적인 모순을 안고 있다. 우주가 스스로 창조되었다는 것은 우주가 스스로를 창조할 수 있도록 먼저 존재해야 한다는 전제를 내포하고 있다. 무언가가 스스로를 창조하려면, 그것은 거기에 있기 전에 먼저 있어야만 한다. 두번째 대안은 과학적으로 심각한 문제들을 일으킨다. 우주가 자존하다고 가정하는 것은 우주가 영원하다고 가정하는 것이다. 일부 가설들이 이런 입장을 취하지만 그것들이 내리는 과학적 결론들은 매우 상이하다. 세번째 대안은 우주가 영원하고 스스로 존재할 능력을 가진 어떤 것 또는 어떤 존재에 의해 창조되었다는 것이다. 이것은 일면 전적으로 옳다. 어떤 것이 지금 존재한다면 그 어떤 것은 항상 존재해온 것이다. 어떤 것 또는 어떤 존재는 영원하다. 이것을 반박하는 것은 첫번째 대안의 모순으로 다시 물러나는 것이다. 문제는 어떤 것이 영원한가 그렇지 않은가, 즉 어떤 것이 존재하는가 그렇지 않은가가 아니다. 문제는 영원한 것이 무엇인가 하는 것이다.

성경적인 신앙은 우주의 기원을 과학으로 설명하지 않는다. 하지만 누가 창조했는가에는 답한다. 그리고 어떻게 창조되었는가는 신학적인 문제로 남는다. 하나님께서는 세상을 무(無, ex nihilo)로부터 존재로 부르셨다. 성경은 창조를 하나님의 신성한 호령 또는 엄명이라는 장엄한 능력으로 묘사한다.

하나님께서는 세상을 있으라 명하셨고 그리하여 세상이 있게 되었다. 요한복음 11장에서 그리스도가 죽은 자들로부터 나사로를 부르셨을 때 이러한 권위 있는 하나님의 능력이 생생하게 나타났다. 예수님께서 무덤에 이르셨을 때는 나사로가 죽은 지 이미 나흘이나 지난 때였다. "벌써 냄새가 나나이다"(39절) 하는 말이 나사로의 상태를 간명하게 말해주고 있다. 예수님께서는 무덤으로 들어가 인공 호흡을 시도하지 않으셨다. 예수님께서는 나사로에게 다시 살아나라고 명하셨다. 우리가 들은 것은 "큰 소리로 나사로야 나오라"(43절) 하신 말씀뿐이다. 그러자 죽은 자가 일어났다.

바울은 하나님을 "죽은 자를 살리시며 없는 것을 있는 것같이 부르시는 이"(롬 4:17)라고 말한다. 성경에 의하면 하나님께서는 모든 피조물에 대한 당신의 권위를 증명하신다.

이것은 자연 발생설(spontaneous generation)*을 믿는 믿음이 아니라 자연 창조설(spontaneous creation)을 믿는 믿음이다. 성경은 이런 일들에 대한 공허한 탐색에 관심을 보이지 않는다. 어거스틴은 크리스천들이 "하나님께서는 세상을 창조하시기 전에 무엇을 하고 계셨습니까?"라고 묻자, "하나님께서는 쓸데없는 호기심이 많은 자들을 위해 지옥을 만들고 계셨지요"라고 대답했다. 우리가 하나님의 창조 기사에 대해 믿음을 고백하는 것은 모순으로 비약하는 일이 아니라 하나님의 자기 계시에 기초해 확신을 표명하는 것이다. 합당한 이유를 가지고 우리는 인생이 의미 있으며 인간의 존엄함은 공허한 환상이 아니라고 확신한다.

창조에 대한 창조주

기독교 교회사에서 하나님과 피조물의 관계는 어렵고도 골치 아픈 논쟁거리였다. 극단적인 초월성(이신론)과 극단적인 내재성(범신론)의 양 극단을 계속 왔다갔다 했다. 하나님의 초월성은 피조물 위에 멀리 떨어져 계신 하나님의 자리에 대해 말한다. 초월성은 창조주와 피조물 사이의 뚜

---

*생물이 무생물로부터 자연적으로 생겨날 수 있다는 설

렷한 차별성을 추구한다. 극단적인 초월성은 하나님을 세상과 완전히 동떨어진 존재로 바라본다.

하나님은 존재하신다. 그러나 하나님의 존재는 결코 인간의 역사에 간섭하지 않으신다. 즉 창조의 시점에 구원하지 않으신다. 하나님께서는 세상을 창조하셨다. 그러나 하나님께서는 세상을 어떻게 해보려고 하늘에서 고개를 내밀지 않으신다. 하나님께서는 제1 원인 또는 제1 동인이시다. 그러나 지금은 기껏해야 무심한 방관자일 뿐이다.

극단적인 초월성의 가장 단순한 변형 가운데 하나는 18세기의 이신론일 것이다. 이신론자들은 세상을 독립적인 기계 조직, 곧 내적으로 고정되어 있는 자연 법칙에 기초해 독자적으로 움직이는 것으로 생각한다. 하나님께서는 복잡한 시계 부품들을 만들고 태엽을 감은 다음에 여느 기계들처럼 알아서 작동하라고 내버려두시는 하늘의 시계 제조공이다. 하나님께서 간여하시는 부분은 오직 계획에 따라 부품들을 만들고 조립하고 배열하는 것뿐이다. 여기서 하나님께서는 기계 자체 내에서 작용하는 내재적인 법으로 기계를 '통치' 하거나 '다스린다'.

역사적으로 볼 때 이신론은 의도적으로 기독교 신앙의 대안으로 발전했지만, 18세기에 '통합을 추구하는 사람들' 이 이신론자들의 자연주의*를 고전적인 기독교 교훈에 맞추려 애썼다. 그들은 자연주의적 기독교를 다양하게 변형시켜서 제시했다. 그들은 하나님께서 역사 속에서 행하신 모든 일을 성경적인 설화로 해석했고 또 초자연적인 사건들이나 기적들을 원시 시대의 신화 수준으로 격하시켰다. 그들은 그런 일들을 역사적인 사건들로 받아들일 수 없었다. 하지만 그들은 거기에 여전히 윤리적인 의미

---

*모든 종교적인 진리는 초자연적인 하늘의 계시로부터 얻을 수 있는 것이 아니라 자연계에서 얻을 수 있다는 주장

로 또는 존재론적인 의미로 교훈적인 가치를 포함시켰다. 일부 사람들은 순전히 자연적인 용어로 이런 일들을 단순하게 설명했다.

예를 들어 예수님께서는 실제로 오병이어를 가지고 오천 명을 먹이신 게 아니었다. 이런 일이 가능하려면 신성한 힘이 인간의 활동 영역에서 작용해야 할 것이다. 이것은 일종의 '윤리적인 기적'이었다. 예수님께서는 이 기회에 점심을 충분히 싸온 사람들을 설득해 먹을 것이 없는 사람들과 나눠 먹도록 하셨다. 따라서 예수님의 윤리적인 감화력이 인간의 통상적인 이기심을 극복하고 '나누는' 기적을 일으켰다.

요즘 연예가에서 들려오는 흥미로운 소식은 이런 사상이 계속 이어지고 있다는 사실을 실례로 보여준다. 혼외 정사로 아이를 낳아 도덕성과는 거리가 먼 한 연예인이 나와서 아이에게 성경을 읽어줄 작정이라고 말했다. 물론 그녀는 자기가 읽어주는 성경을 아이가 단순한 이야기로 받아들일 것이라는 것을 알고 있다. 그러나 그 이야기들은 우리에게 어떻게 살아야 하는지 중요한 교훈들을 가르쳐준다.

극단적으로 초월적인 하나님께서는 이야기를 퍼뜨리기는 하겠지만, 백성들의 부르짖음에 귀를 기울이고 그들을 애굽의 속박에서 구원하실 수는 없을 것이다. 여기서는 국가나 개인과 언약하시는 하나님과의 진근한 관계를 언급할 여유가 없다. 기도는 정신 건강에 유익한 독백이 되고 성육신은 영지주의의 구속 신화가 된다. 극단적인 초월성은 하나님을 역사와 너무 심하게 분리시켜서 실제적으로 말하면 하나님이 있는 것과 없는 것의 차이가 거의 없을 정도다. 신은 죽었다. 적어도 신과 세상과의 관계는 죽었고 사라졌다. 그래서 우리는 헌신의 대상이 된 비인격적인 기계와 함께 남겨졌다.

다른 끝에는 극단적인 내재론자들이 있다. 이들은 하나님을 만물의 총화로 정의한다. 가장 단순한 형태는 범신론이다. 범신론은 범(pan)과 신(theos)을 결합시킨다. 이것을 정확히 요약하면 "만물이 신"이라고 말할 수 있다. 그래서 하나님이 도처에 계시다는 사실에서 하나님이 우주의 총화라는 사상으로 비약한다. 물론 꽃의 아름다움에서 하나님의 역사를 볼 수 있다고 말하는 것과, "꽃이 하나님이다" 또는 "하나님의 일부다"라고 말하는 것은 별개다. 이런 구별은 범신론이라는 우둔한 범주에서는 뚜렷하지 않다.

이 시점에서 우리는 범신론자가 아닌 사람들을 이런 부류로 분류하지 않기 위해 철학적인 구분점들을 주의 깊게 밝혀야 할 것 같다. 많은 진지한 철학자들과 신학자들, 특히 플라톤주의나 신플라톤주의에 큰 영향을 받은 사람들은 하나님을 모든 존재의 토대 또는 '힘'으로 규정하려 한다. 이런 사람들은 순수한 범신론자들의 입장에서 말하고 있지 않으며 아마도 그들 가운데는 동양 종교와 점성술과 마술 숭배를 지지하는 사람들과 대부분 뉴에이지 운동을 추종하는 사람들이 많이 있을 것이다. 그럴지라도 이런 혼란에 대한 책임은 위의 견해들과 범신론을 충분하게 구별하지 못한 사상가들에게도 얼마간 있을 것이다.

창조에 대한 진리를 의미 있게 전달하시는 하나님을 거부하면서 현대 신학자들이 가장 유력하게 생각하는 신은 피조물과 구분할 수 없을 만큼 매우 내재적이다. 요즘 부상하는 한 견해는 과정 신학(process theology)*이다.

알프레드 노스 화이트헤드(Alfred North Whitehead)와 찰스 하트숀

---

*인간과 세계의 진화적인 성격을 강조해 신도 변화해가는 세계와의 영적인 교류를 통해 발전 과정에 있다고 주장하는 신학

(Charles Hartshorne)과 존 콥(John Cobb)과 슈베르트 오그덴(Schubert Ogden) 등이 포함된 이들 주창자들은 많은 점에서 불일치하지만 계속적으로 변하는 어떤 신을 위해 전통적인 기독교의 하나님을 거부하는 점에서는 같다고 말할 수 있다. 이들은 하나님에게 두 극단이 있다고 말한다. 잠재적인 극단은 무한하지만 실제적인 극단은 유한하다. 그러므로 하나님께서는 잠재적으로는 무한하지만 실제적으로는 유한하다. 잠재적인 극단은 이 세상 너머에 있지만 실제적인 극단은 물질적인 세계 안에 있다. 영혼이 몸에 관계하는 것처럼 하나님께서는 세계에 거하신다. 왜냐하면 세상은 하나님의 몸이기 때문이다. 세상은 지도를 받기 위해 하나님께 의존하지만 하나님께서는 완전하게 되기 위해 세상에 의존한다. 인간은 자신의 노력으로 하나님께서 완전하게 되는 일에 공헌할 수 있다. 하나님께서는 유한하시기 때문에, 하나님께서 모든 악을 극복하는 것은 사실상 불가능하다. 과정 신학은 하나님을 주권적인 창조주로 인정하기보다는 오히려 세상의 진행에 참여하는 관리자로 격하시킨다.

하나님에 대한 성경의 견해를 보면, 우리로 하여금 전적인 초월적 용어로 또는 전적인 내재적 용어로 하나님을 규정하는 것을 금하고 있다. 창조 세계는 하나님께서 과거에 그리고 현재에 만드신 작품들을 볼 수 있는 극장이다. 하나님께서는 세상과 구별되어야만 한다. 그렇지 않으면 우리는 하나님보다 사물을 숭배하는 우상 숭배에 빠질 것이다. 바울은 로마서의 서두에서 범신론을 심하게 질책한다.

> 스스로 지혜 있다 하나 우준하게 되어 썩어지지 아니하는 하나님의 영광을 썩어질 사람과 금수와 버러지 형상의 우상으로 바꾸었느니라 … 이는 저희가 하나님의 진리를 거짓 것으로 바꾸어 피조물을 조물주보다 더 경배하고 섬김이라 주는 곧 영원

히 찬송할 이시로다(롬 1:22-23, 25).

하나님은 세상이 아니다. 하나님은 권위와 능력과 존귀와 존재에 있어 세상과 구별된다. 그러나 아무리 초월적이실지라도 하나님께서는 창조 세계에 열정적으로 관여하신다. 하나님의 활동은 창조 세계의 한계를 훨씬 뛰어넘는다. 세상과 동일시되거나 혼동되면 안 되겠지만 그럼에도 불구하고 하나님께서는 우리 모두에게 가까이 계신다.

> 여호와께서 너로 실족지 않게 하시며
> 너를 지키시는 자가 졸지 아니하시리로다
> 이스라엘을 지키시는 자는 졸지도 아니하고 주무시지도 아니하시리로다
> 여호와는 너를 지키시는 자라
> 여호와께서 네 우편에서 네 그늘이 되시나니(시 121:3-5).

하나님께서는 "우리가 그를 힘입어 살며 기동하며 있는"(행 17:28) 그런 분이시다. 하나님께서는 참새가 떨어지는 것을 알고 우리의 머리털까지 세는 그런 분이시다(마 10:29-30). 유대교와 기독교의 신앙의 중심에는 하나님께서 함께하신다는 믿음이 있다. 예수님께서 임마누엘 곧, "하나님께서 우리와 함께 계시다"는 사실이 우리의 기쁨이다. "Deus pro nobis(하나님께서 우리와 함께 계시다)"라는 라틴 어구는 우리의 신앙 고백에서 없어서는 안 될 부분이다. 시편 기자는 이렇게 부르짖는다.

> 하나님은 우리의 피난처시요 힘이시니
> 환난 중에 만날 큰 도움이시라

> 그러므로 땅이 변하든지
> 산이 흔들려 바다 가운데 빠지든지 …
> 한 시내가 있어 나뉘어 흘러 하나님의 성
> 곧 지극히 높으신 자의 장막의 성소를 기쁘게 하도다
> 하나님이 그 성중에 거하시매 성이 요동치 아니할 것이라
> 새벽에 하나님이 도우시리로다
> 이방이 훤화하며 왕국이 동하였더니
> 저가 소리를 발하시매 땅이 녹았도다
> 만군의 여호와께서 우리와 함께하시니
> 야곱의 하나님이 우리의 피난처시로다(시 46:1-2, 4-7).

하나님께서 함께하신다는 사실이 이스라엘의 신앙의 기반이었다. 신약시대 이스라엘의 선교 활동은 그리스도가 함께하시는 활동, 곧 "볼지어다 내가 세상 끝날까지 너희와 항상 함께 있으리라"(마 28:20)라고 하신 언약 아래 취한 행동이다. 하나님께서는 친히 지으신 세상에 전심 전력하신다. 따라서 사도신경은 하나님께서 세상을 지으셨다는 진술로 그치지 않고 곧바로 하나님의 궁극적인 임재, 곧 성육신과 하나님의 궁극적인 행동 즉 구속으로 넘어간다.

그 외아들
우리 주 예수 그리스도를
믿사오니

I believe ...
in Jesus Christ,
his only Son, our Lord.

예수, 그는 누구인가

크리스천을 '유일신론자'로 부르는 것은 우주선 아틀란티스를 '글라이더'라고 부르는 것과 같다. 사실 우주선은 무동력 상태에서 대기를 통과해 활주로로 귀환한다. 그러나 이것의 의미와 기능은 너무 복잡하기 때문에 이것을 정확하게 묘사하는 데 '글라이더'는 별로 도움이 되지 못한다. 기독교 신앙은 일반적으로 유일신 사상이 아니다. 기독교는 철저하게 삼위 일체 유일신론이다. 아브라함의 하나님은 그리스도 안에 계신 하나님이다. 예수 그리스도는 많은 선지자들 가운데 하나가 아니라 성육신 하신 하나님이시다. 예수님께서 하나님의 유일한 계시는 아니다. 하나님께서는 자연과 역사 안에서, 특히 율법과 선지자들과 사도들 안에서 계시되었다. 그러나 그리스도는 하나님의 최종적인 계시다.

명확하게 말하면 우리는 '예수, 그 그리스도(Jesus, the Christ)'라고 해야 한다. 예수 그리스도라는 말은 고유의 이름과 직위를 합친 것이다.

예수님은 1세기에 팔레스타인 땅에서 살았던 한 인물을 가리킨다. 그분은 어릴적 고향 이름을 따서 나사렛 예수 또는 혈통을 좇아서 요셉의 아들 예수라 불리웠다. 그분은 요셉과 마리아의 맏아들이었다. 그러나 그리스도라는 역할로 예수님은 전 인류 역사의 초점이 되었다. 성경 밖의 증거와 이 인물의 크고 지속적인 영향력에 비춰볼 때 나사렛 예수라는 사람이 존재했다는 사실은 별로 의심의 여지가 없다. 그러나 우리가 알아야 할 것은 예수님이 진실로 그리스도였는가 하는 것이다. 그분이 정말 그리스도라면 거기에는 엄청난 의미가 함축돼 있다.

그리스도는 신학적으로 너무나 중요한 직위다. 이 말은 '기름부음을 받은 자'라는 뜻의 헬라어 '크리스토스(christos)'에서 유래했다. 이것은 메시야라는 구약 시대의 히브리어를 헬라어로 번역한 것이다. 따라서 예수 그리스도라는 이 복합 이름을 부를 때는 즉시 믿음의 고백이 따라온다. 예수 그리스도는 '예수, 그 메시야'라는 뜻이다.

… 그 외아들 우리 주 예수 그리스도를 …

역사 속의 예수

신약학 학자들은 역사 속의 예수님를 탐색하는 데 매우 골몰해왔다. 19세기는 초기 '탐색' 시대였고 20세기는 '새로운 탐색' 시대였다. 이런 학자들은 예수님이라는 '실제' 인물을 파악하기 위해 과거 신약 성경이 그분을 어떻게 이해했는지 연구했다. 그러나 신약 성경은 우리에게 종교적인 신념이라는 맥락 아래 예수님을 제시할 뿐이지, 객관적인 일대기를 제공하지는 않는다. 복음서는 신문 기사가 아니다. 복음서는 사람들을 설득해 회심하게 만들겠다는 목적을 공개적으로 표명하면서 아무 거리낌없이 한쪽으로 치우친 입장을 견지한다. 요한은 "오직 이것을 기록함은 너희로 믿게 하려 함이라"(요 20:31)라고 썼다. 예수님의 일생에 대한 상세한 설명들은 신학적인 메시지 속에 들어 있고 또 신학적인 해석 때문에 자주 생략된다. 따라서 성경의 기록은 통상적인 역사 보고서가 아니다. 그것은 일종의 구속사다. 따라서 학자들은 예수님의 일생 가운데 나타나지 않은 부분들을 상세하게 채워넣어서 이 인물에 대한 구속사적 해석의 배후를 밝히고 싶어한다. 그들은 예수님이 누구신가, 그리고 예수님께서는 무엇을 하셨는가에 대해 좀더 객관적인 설명을 갈망한다.

19세기의 탐색이 실패한 이유는, 당시 '비신화화하려는' 연구가 만들어낸 예수님이라는 인물상이 늘 그런 연구를 하는 유파의 사상에 가려져 있는 것처럼 보였다는 데 있었다. 헤겔 학파는 '이상주의적인' 예수님을 발견했다. 리츨(Ritschl) 학파는 '윤리적인 교사'를 찾아냈다. 20세기의 탐색은 과거의 실수로부터 충분한 교훈을 얻어 고전적인 탐구 방식을 쓰는 신약의 문서들에 좀더 진지한 관심을 기울였다. 그러나 결과는 19세기와 별로 다르지 않게 '실존주의자' 예수님을 만들어냈을 뿐이었다. 성경 기록의 범위를 뛰어넘는 여행은 분명 위험한 길로 들어서는 것이다. 모든 연구가 헛된 것도 아니고, 이러한 탐색들로 축적된 그리스도에 대한 모든 통찰이 무용한 것도 아니다. 그러나 우리는 자기가 좋아하는 학설에 입각해 예수님의 생애를 마음대로 재구성해도 좋다는 특허를 받은 게 아니다. 결론적으로 우리는 항상 자신의 초상을 신화로 만들지 않아야 한다. 그렇지 않으면 상상력은 방종으로 흐를 것이다.

진실하게 나사렛 예수를 이해하려면 먼저 우리 자신의 정신이 자신의 노력을 훼손시킬 수 있다는 점을 인정해야 한다. 일부 베이비 붐 세대는 있는 힘을 다해 신앙적인 생활과 환경을 몰아냈다. 그리하여 지금 그들의 자녀 세대는 예수님을 거의 알지 못한 채 성인기를 맞고 있다. 그런데 비록 잘 알지는 못한다 할지라도 이 자녀들은 매스 미디어의 영향이나 부모의 편견을 흡수해왔다. 따라서 이들은 할 수 있는 한 바르게 그것들을 판단해야 할 숙제를 안고 있다. 서구의 성인들 가운데 예수님의 문제를 공정하고 객관적으로 접근할 사람은 이제 거의 없다. 기이하게도 탈기독교 사회는 기독교를 다양화하는 데, 그리고 급기야 그리스도를 거부하는 데 몰두해왔다. 1990년대 중반에 시사 잡지들이 커버 스토리로 계속 다루어온 것은 '예수 세미나(Jesus Seminar)'였다. 그리고 다른 인기 있는 신학이 그와 관련된 신앙을 연구하고 있다.

   이런 모든 일에 대해 냉정한 객관성을 유지해야 한다는 신약 성경의 주장들에 직면할 때 우리는 너무나 많은 문제들을 겪게 된다. 예수님께서 죽은 자들로부터 부활하셨는가 그렇지 않은가의 문제는 너무 중요하다. 예수님께서 현재 모든 이의 충성을 받으셔야 할 왕이신가 하는 문제도 아무래도 좋은 일이 아니다. 내 삶에 내해 절대직인 주권을 행사하는 살아계신 예수님께서는 내가 감히 무시할 수 없는 그런 존재다.

신화를 만드는 자들

   완전한 객관성을 갖는 것이 불가능하다고 해서 그것이 곧 우리가 예수님에 대한 진리를 추구하는 것을 포기해야 한다는 의미는 아니다. 오히려 우리는 요즘 이단의 주관주의에 대한 가설과 결론을 점검해야 한다. 우리는 건전하고 과학적인 연구를 통해 이 문제에 대해 보수적인 접근을 시도해야 한다. 역사를 연구할 때는 창조적인 사고가 필요하다. 그러나 모든 창조적인 사고가 전부 타당한 것은 아니다. 진정으로 창조적인 역사 학자는 증거를 통해 사건들을 형성한 동인들을 감지하고 논증할 수 있다. 학문적인 창조성을 공상적인 상상력과 혼동하면 안 될 것이다.

한 가지 문제는 위대한 학자들은 오직 정략적으로 동료 학자들에게 받아들여질 수 있는 새로운 사상을 발표해야 우수성을 인정받을 수 있다는 점이다. 오늘날 학계에서 역사적인 기독교 신앙을 변호하면 현대 신학의 인기 있는 가설들에 반대하는 이단으로 낙인찍히고 시대에 뒤떨어졌다는 이유로 해고당하기 십상이다. 매우 존경받던 한 신학교 교수가 생각을 바꾸고 동료 교수들의 무신론에 반대하는 입장을 취했다. 그래서 비난이 빗발쳤지만 그는 사임 요구를 거부했다. 그는 종신 재직권을 가지고 있었기 때문에 아무도 그를 해고시킬 수 없었다. 결국 그는 수업권을 박탈당하고 수위실에 있는 새 연구실로 자리를 옮겨야 했다.[1] 신학자들에 대한 압력은 겉으로 드러나지는 않더라도 실재한다. 학계에서 출세하는 가장 확실한 길은 진리를 탐구하기보다는 오히려 얼토당토 않고 무모하더라도 새로운 사상들을 내놓는 것이다.

1990년대 중반에 역사적인 예수님에 대한 대다수의 관심은 Westar Institute와 그곳의 유명한 '예수 세미나'에 집중돼 있었다. 하지만 지금도 계속되는 이 운동의 출판물과 매스 미디어 광고를 보면 사실 예수님에 대해 새로운 내용을 제시한 것은 하나도 없다. 이 세미나는 공관 복음(마태복음, 마가복음, 누가복음)의 배후를 이론화시킨 잃어버린 Q문서에 대한 최근 신학들과, 예수님의 말씀을 철학적이고 페미니스트적이며 해방 신학적으로 바꾼 것을 합쳐놓았을 뿐이다. 차이가 있다면 대중성을 위해 이러한 견해들을 매우 쉽게 제시한다는 점이다. 자유주의 신학자들은 자신들의 견해로 실제 교회를 혁명적으로 바꿀 수 있다면 매스 미디어를 좀더 잘 활용하고 자신의 사상을 좀더 효과적으로 바꿀 필요가 있다고 주장했다. 그리고 그들은 이런 목표를 이루고 있다. 몇 주 간격으로「타임」과「뉴스위크」는 커버 스토리에서 이러한 사상 유파를 통해 현대적인 신앙을 접할 새로운 기회가 제공됐다고 칭송했다. 이렇게 역사적인 예수는 이미 대단한 뉴스가 됐다.

가장 성공적인 예수 세미나 신학자 둘을 꼽으라면「잃어버린 복음, Q문서(The Lost Gospel:The Book of Q)」의 저자인 버튼 맥(Burton Mack)과「예수, 혁명적인 일대기(Jesus : A Revolutionary Biography)」의 저자 존 도미닉 크로산(John Dominic Crossan)을 들 수 있을 것이다.

맥의 '역사적인 예수'는 견유학파적인 전통을 가지고 유랑하는 그리스 철학자이고 쾌락주의자이며 종교에 거의 관심이 없는 1960년대의 비트족이었다. 크로산의 예수님은 좀더 유대적이었으나 그리스 철학을 강하게 흡수했다. 이 예수님은 농부이자 사회 혁명가였다. 그리고 제자들은 그의 죽음에 별다른 의미를 부여하지 않았다. 속죄의 죽음과 부활이라는 허구는 마가복음의 저자가 사회 문제를 제기하기 위해 예수님을 이용했을 때 나온 것이다.

이 모든 이야기가 그리 친숙하게 들리지 않을지라도 사실은 한 세대 전에 상당한 명성을 누렸던 한 책에서도 비슷한 노력을 엿볼 수 있다.「성육신 하신 하나님의 신화(The Myth of God Incarnate)」는 7명의 학자가 모여서 기독교의 성육신 사상, 곧 예수님께서 육신을 입으신 하나님이셨다는 사상이 현대 문화에서 존속할 수 있는가 하는 문제를 토론한 내용이다.

이 신학자들은 존속할 수 없다는 결론을 내렸다. 마이클 굴더(Michael Goulder)는 한 평론에서 성육신이 사마리아인들에게서 나온 사상이었다고 주장했다. 프란시스 영(Frances Young)은 기독교 이전의 종교에서는 비슷한 개념을 발견할 수 없었다고 정직하게 인정했다. 심지어 이 책의 저자들은 보고할 만한 새로운 것이 전혀 없다고까지 말했다. 그들은 현대 신학에서 되풀이되고 있는 주제들을 대중화했을 뿐이었다.

이 책들과 평론들에서 가장 주목할 만한 사실은 확고히 믿을 만한 증거를 아무도 제시하지 못했다는 점이다. 한 이론은 그 다음 이론에 근거를 제공한다. 학자들은 서로의 이론을 확실한 근거로 인용하지만 어느 누구도 각자가 허공에 집을 짓고 있다는 사실을 깨닫지 못한다. 그들이 제시하는 증거는 예수님과 알고 지내던 사람들이 죽기 전에 나온, 그러니까 초기에 나온 복음서들이다. 그들의 이야기는 서로 조화될 수 있고 또 우리가 당시에 대해 알고 있는 사실과도 일치할 수 있다. 우리는 신약 성경의 생생한 묘사를 구속 역사로 진지하게 받아들일 필요가 있다. 다른 사람들에게 자신이 믿고 있는 이야기의 진실성을 확신시키거나 납득시키기 위해 그 이야기를 전한다면 그는 믿음직스러운 증인이라고 부를 만하다. 치우친 성향을 지닌 관찰자들이라도 정확하게 보고할 수 있다. 우리가 복음서에서 무엇을 다루든 간에, 복음서는 스스로 증인이라고 주장하는 사람들을 통해 우리에게 왔다. 누가는 이렇게 말한다.

> 우리 중에 이루어진 사실에 대하여 처음부터 말씀의 목격자 되고 일꾼 된 자들의 전하여준 그대로 내력을 저술하려고 붓을 든 사람이 많은지라 그 모든 일을 근원부터 자세히 미루어 살핀 나도 데오빌로 각하에게 차례대로 써보내는 것이 좋은 줄 알았노니 이는 각하로 그 배운 바의 확실함을 알게 하려 함이로라(눅 1:1-4).

베드로는 이렇게 덧붙인다.

우리 주 예수 그리스도의 능력과 강림하심을 너희에게 알게 한 것이 공교히 만든 이야기를 좇은 것이 아니요 우리는 그의 크신 위엄을 친히 본 자라 (벧후 1:16).

바울은 제정신이냐고 묻는 로마 관원에게 이렇게 답했다.

베스도 각하여 내가 미친 것이 아니요 참되고 정신차린 말을 하나이다 왕께서는 이 일을 아시기로 내가 왕께 담대히 말하노니 이 일에 하나라도 아시지 못함이 없는 줄 믿나이다 이 일은 한편 구석에서 행한 것이 아니로소이다 (행 26:25-26).

어떤 법정 진술도 요한의 다음 진술보다 더 확실할 수는 없을 것이다.

태초부터 있는 생명의 말씀에 관하여는 우리가 들은 바요 눈으로 본 바요 주목하고 우리 손으로 만진 바라 이 생명이 나타내신 바 된지라 이 영원한 생명을 우리가 보았고 증거하여 너희에게 전하노니 이는 아버지와 함께 계시다가 우리에게 나타내신 바 된 자니라 우리가 보고 들은 바를 너희에게도 전함은 너희로 우리와 사귐이 있게 하려 함이니 우리의 사귐은 아버지와 그 아들 예수 그리스도와 함께함이라 (요일 1:1-3).

사람들은 결코 본 적이 없는 사건들에 대해 목격자라고 주장한다. 그리고 진짜 목격자들조차 실수할 수 있다. 목격자들은 터무니없는 상상으로 사실들을 윤색하기 때문에 불신을 받는다. 베스도는 바울의 증언을 듣고 완전히 미쳤다고 생각했다. 목격자의 증언이 아무리 믿을 수 없는 이야기일지라도 그것을 반박할 만한 뚜렷한 이유가 없다면 터무니없는 소문보다는 더 가치 있는 것이다.

신약 성경이 하나님의 감동하심으로 기록되었다는 것을 받아들일 수 없는 사람이라도, 적어도 이 기록이 역사 속의 예수님을 이해하는 데 표준이 된다는 사실만큼은 인정해야 할 것이다. 이 기록은 예수님에 대한 지식을 얻는 데 제1의 사료가 된다. 터무니없는 가설들로 신약 성경의 신뢰도를 떨어뜨리는 것은 경건에 대한 모욕이라기보다는 오히려 과학에 대한 모욕일 것이다. 역사 지식을 현명하게 탐구하려면 먼저 무슨 일이 일어났을 것이라든지 무슨 일이 일어났을 리 없다든지 하는 선입견을 버려야 한다. 사실을 가지고 이론을 결정하기보다 오히려 이론을 짜맞추는 것은 기묘한 과학이다.

예수 – 메시야

신약 성경은 예수님 시대의 사람들이 예수님에 대해 놀라움을 금치 못했다고 증거한다. 그러나 확실히 지금도 여전히 놀랄 만하다. 신약 성경이 역사적으로 잘 보관되어왔는가를 연구한 여러 저서들을 보면 실제로 신약 성경이 사료로서 뛰어난 정확성을 지니고 있다는 것을 알 수 있다. 예를 들어 누가복음의 기록은 매우 정확해서 저자는 가장 신뢰할 만한 고대 역사가로 불리고 있다.[2]

루돌프 불트만(Rudolf Bultmann)은 역사적으로 다음 한 가지만큼은 틀림없는 사실이라고 인정했다. 즉 초대 교회가 역사상의 예수님을 충심으로 믿었다는 것이다. 신약 성경에 나오는 예수님 모습은 초대 교회에서 만들어낸 믿음의 결과였을까? 아니면 초대 교회의 믿음이 신약 성경에 나오는 틀림없는 예수님의 모습의 결과였을까?

메시야라는 칭호는 처음부터 소망과 의지를 불러일으켰다. 1세기 팔레스타인 땅에서는 메시야에 대한 다양한 기대가 서로 충돌하는 상황이 벌어졌다. 이미 구약 시대에도 메시야 대망은 다양한 양상을 보이고 있었다. 예수님께서는 메시야 역할에 대한 일반 대중의 그릇된 관념 때문에, 또 장차 올 '기름부음 받은 자'에 대해 구약 성경에서 말하고 있는 다양한 모습 때문에 늘 곤란을 겪으셔야 했다. 그러나 메시야 대망의 주된 세 가지 요소가 예수님의 사역에서 마침내 열매를 맺었다. 그리스도는 뚜렷하게 (1)다윗 계통의 왕, 곧 왕이신 메시야였고 (2)인자, 곧 종말론적인 하늘의 존재였으며 (3)이사야의 고난 받는 종, 곧 구속의 희생 제물이셨다.

다윗의 자손

가장 큰 인기와 기대를 모았던 메시야 상은 다윗 계통의 왕이었다. 구약 시대에 다윗의 재위 시절은 이스라엘의 전성기였다. 다윗은 군사 영웅으로서 또한 군주로서 탁월했다. 그는 국가의 영토를 단에서 브엘세바까지 확장하는 군사적 업적을 이뤄냈다. 다윗의 통치 동안 이스라엘은 강력한 힘과 번영으로 그 지역의 열강이 되었다. 황금기는 솔로몬의 건축 프로그램으로 퇴색됐고 급기야 나라가 여로보암과 르호보암으로 분열됨으로써 종식됐다. 그러나 그때의 찬란함에 대한 향수는 로마의 압제를 받는 상황에서도 사라지지 않았다. 백성들은 하나님께 이스라엘의 영광을 회복시켜 줄 다윗의 자손을 기대했다.

정치적 메시야에 대한 열정적인 기대는 단순히 향수병에서 나온 것만은 아니었다. 구약의 선지자들은 이런 소망에 실제 내용을 제공했다. 여러 시편에서 다윗은 여호와의 기름부음 받은 왕으로 나온다. 시편 78편은 이렇게 선언한다. "젖 양을 지키는 중에서 (여호와께서) 저희를 이끄사 (다윗으로 하여금) 그 백성인 야곱, 그 기업인 이스라엘을 기르게 하셨더니" (71절). 여호와는 또한 다윗에게 장래의 찬란한 번영을 약속하셨다.

> 여호와께서 다윗에게 성실히 맹세하셨으니
> 변치 아니하실지라
> 이르시기를 네 몸의 소생을 네 위에 둘지라(시 132:11).

> 또 그 후손을 영구케 하여
> 그 위를 하늘의 날과 같게 하리로다 …
> 나의 인자함을 그에게서 다 거두지 아니하며
> 나의 성실함도 폐하지 아니하며
> 내 언약을 파하지 아니하며 내 입술에서 낸 것도 변치 아니하리로다
> 내가 나의 거룩함으로 한 번 맹세하였은즉 다윗에게 거짓을 아니할 것이라
> 그 후손이 장구하고
> 그 위는 해같이 내 앞에 항상 있으며
> 또 궁창의 확실한 증인
> 달같이 영원히 견고케 되리라 하셨도다(시 89:29, 33-37).

이스라엘 전체 역사에서 다윗의 위가 회복될 것이라는 소망은 위기 때마다 끊임없이 되살아났다. 하나님께서는 아모스 선지자를 통해 이렇게 약속하셨다. "그날에 내가 다윗의 무너진 천막을 일으키고 그 틈을 막으며 그 퇴락한 것을 일으켜서 옛적과 같이 세우고" (9:11). 예수님께서 창세

기 49장 10절에서 '홀'을 약속받은 유다 지파이시며 또한 다윗 성에서 태어나신 다윗의 자손이라는 사실을 신약 성경 저자들은 결코 우연의 일치로 여기지 않았다. 그들은 왕으로서 메시야 대망이 예수님이라는 인물로 성취되는 것을 보았다. 예수님의 승천이라는 대사건에서 이것은 더욱 뚜렷하게 드러난다. 예수님께서는 하나님의 왕국을 건설하기 위해 하늘에 오르신 다윗의 자손이다.

메시야 왕권에 무엇이 포함되어 있는가를 오해했던 사람들과 예수님 사이에 자주 벌어졌던 충돌 때문에 왕으로서 예수님의 역할이 무엇인지에 대해 종종 혼동이 발생한다. 예수님께서는 자신을 왕으로 삼으려는 백성들의 열망을 거절하셨다. 예수님께서는 빌라도에게 "내 나라는 이 세상에 속한 것이 아니라"(요 18:36)고 대답하셨다. 그러나 이것은 다윗의 왕권이라는 개념을 거절하셨다는 의미가 아니다. 예수님의 교훈은 하나님나라의 도래와 밀접한 관련이 있다. 예수님께서는 제자들에게 하나님나라가 임하도록 기도하라고 가르치셨다. 하나님나라에 대한 예수님의 비전은 장차 오기를 기대하는 정도가 아니었다. 하나님나라는 아직 다 완성되지는 않았지만 이미 시작되었다. 예수님의 통치는 '현재'이며 또한 '미래'다.

승천하시기 전에 제자들이 예수님께 드렸던 마지막 질문이 하나님나라에 대한 것이었다는 사실은 흥미롭다. "주께서 이스라엘 나라를 회복하심이 이때니이까"(행 1:6). 정치적 회복 역시 초미의 관심사였다. 어떤 사람들은 예수님께서 다소 실망한 어투로 다음과 같이 대답하셨을 것이라고 예상했을 것이다. "너희들은 아직도 그런 생각을 가지고 있느냐? 지금 이스라엘 나라를 회복하려고 하는 것이 아니라고 몇 번이나 말해야 하느냐?" 그러나 대신 예수님께서는 이렇게 말씀하셨다. "때와 기한은 아버지께서 자기의 권한에 두셨으니 너희의 알 바 아니요"(행 1:7). 따라서 문제는 예수님께서 왕국을 회복하실 것인가 말 것인가가 아니라, 문제는 그 때다. 예수님께서는 통치하신다. 그러나 그분의 통치는 아직 최고점에 이르지 않았다.

예수님을 그리스도라고 고백할 때, 우리는 필연적으로 그 고백 속에 예수님께서 왕이시라는 사실을 포함한다. 서양인들은 종종 이런 고백의 중요성을 간과하고 오히려 거기서 이질적이고 심지어 혐오스럽기까지 한 군주제의 개념을 떠올린다. 그리스도의 통치는 영국 왕실인 윈저 가의 형식적인 권력과도 완전히 다르다. 그리스도는 우주의 왕으로서 절대적인 주권을 행사하신다.

인자

신약 성경에 나오는 인자라는 예수님의 칭호는 혼동을 일으킨다. 신약 성경의 저자들도 예수님을 언급할 때 가끔 이 칭호를 사용했지만, 그들은 예수님께서 친히 이 용어를 일관되게 사용하셨다는 사실(84번 중 81번)을 조심스럽게 표명하고 있다. 이로써 우리는 성경 저자들이 예수님의 언급과 무관하게 자기들이 선호하는 호칭을 함부로 쓰지 않으려고 애썼다는 사실을 알 수 있으며, 또한 예수님의 자기 인식을 실제적으로 파악할 수 있다.

'인자'는 예수님께서 가장 많이 쓰시던 호칭이었다.[3] 하나님의 아들과 비교해볼 때 인자는 예수님을 인간처럼 언급하는 것 같지만, 사실 인자는 하나님의 아들보다 더 분명하게 신성을 암시한다. 이 호칭으로 예수님께서는 자신을 구약의 다니엘서에 나오는 종말론적인 메시야와 동일시하셨음이 분명하다. 인자라는 인물은 종말론적이다. 즉 인자는 미래 곧 '종말'에 자신을 나타낸다. 인자는 초월적인 인물이며 심판하기 위해 강림하실 하늘의 존재다.

다니엘서에서 인자는 하늘의 이상 속에서 나타난다. 인자가 '옛적부터 항상 계신 자'의 보좌 앞에 이르자 "그에게 권세와 영광과 나라를 주고 모든 백성과 나라들과 각 방언하는 자로 그를 섬기게 하였으니 그 권세는 영원한 권세라 옮기지 아니할 것이요 그 나라는 폐하지 아니할 것이니라"(단 7:14). 인자는 다윗의 자손과 연결된다. 이 둘은 모두 왕권과 권세와 능력을 가지고 있다. 그러나 다윗의 자손은 땅의 인물인 반면 인자는 하늘의 존재다.

예수님께서 선재하셨다는 신약 성경의 증거는 불가불 인자라는 주제와 연결된다. 예수님께서는 "위에서 나셨다"(요 8:23). 예수님께서는 하나님 아버지께 '보냄을 받으셨다'. 예수님께서는 인자로서 강림하셨고 또 승천하셨다. "하늘에서 내려온 자 곧 인자 외에는 하늘에 올라간 자가 없느니라"(요 3:13, 엡 4:10 참조).

신약 성경 저자들이 예수님을 하늘의 존재로 고백했다고 선언하는 것으로는 충분하지 않다. 왜냐하면 천사도 하늘의 존재이기 때문이다. 그리스도는 오직 하나님께만 쓰이는 말로 묘사된다. 다니엘이 그림처럼 묘사한 옛적부터 항상 계신 자(단 7:9-10)와 요한이 계시록에서 묘사한 인자를 비교하면 흥미롭다(계 1:12-16, 5:11-12).

인자는 찬란하고 능력 있는 존재다. 인자는 구약 성경의 묘사와 예수님의 자기 인식에서 나타난 바와 같이 신이다. 예수님께서는 "인자는 안식일의 주인이니라"(마 12:8, 막 2:28, 눅 6:5)고 말씀하심으로써 인자를 창조와 연관지으셨다. 안식일에 대해 주권을 주장하는 것은 창조 세계에 대해 주권을 주장하는 것이다. 안식일은 창조주가 제정하신 법령이었다. 예수님께서는 중풍 병자의 죄가 사함을 받았다고 선언하시면서 "인자가 땅에서 죄를 사하는 권세가 있는 줄을 너희(바리새인들과 서기관들)로 알게 하리라"(눅 5:24)라고 말씀하셨다. 이것은 오직 하나님만의 특권이었다. 유대인들은 이 점을 놓치지 않았다. 예수님께서 신성을 명백하게 주장하셨기 때문에 유대인들은 그분을 죽이려 했다.

우리는 이 경우를 과장해 인자라는 호칭을 예수님의 인성이나 실제적으로 낮아지심과 아무 관계가 없다고 단정하면 안 된다. 유대인들은 예수님의 자기 계시에 반감을 가지고 있었기 때문에 예수님에게 항상 고난이 뒤따랐다. 예수님께서는 이렇게 말씀하셨다. "인자는 머리 둘 곳이 없다"(마 8:20). "인자도 이와같이 그들에게 고난을 받으리라"(마 17:12). "인자가 온 것은 섬김을 받으려 함이 아니라 도리어 섬기려 하고 자기 목숨을 많은 사람의 대속물로 주려 함이니라"(마 20:28). 하늘의 존재는 완전히 우리 인간들 속으로 오셨다.

바울이 예수님을 인자로 부른 경우가 단 한 번도 없기 때문에, 바울 사도의 그리스도관이 예수님의 자기 인식과 일치하지 않는다는 주장이 있었다. 그러나 오스카 쿨만(Oscar Cullmann)은 예수님께서 인자라는 구약 용어에 공을 들이신 사실과 바울의 그리스도관이 서로 밀접하게 관련되어 있다고 설득력 있는 주장을 폈다.[4] 비록 바울이 인자라는 용어를 사용하지는 않았을지라도 개념만큼은 그의 사상 전체에 두루 나타나 있다. 바울은 그리스도를 '둘째 아담'으로 즐겨 묘사한다. 인자와 둘째 아담의 대응 관계를 상기하면서, 바울은 둘째 아담을 첫째 아담과 뚜렷하게 대조시켜놓았다.

> 아담 안에서 모든 사람이 죽은 것같이 그리스도 안에서 모든 사람이 삶을 얻으리라 … 기록된 바 첫 사람 아담은 산 영이 되었다 함과 같이 마지막 아담을 살려주는 영

이 되었나니 그러나 먼저는 신령한 자가 아니요 육 있는 자요 그 다음에 신령한 자니라 첫 사람은 땅에서 났으니 흙에 속한 자이거니와 둘째 사람은 하늘에서 나셨느니라 무릇 흙에 속한 자는 저 흙에 속한 자들과 같고 무릇 하늘에 속한 자는 저 하늘에 속한 자들과 같으니 우리가 흙에 속한 자의 형상을 입은 것같이 또한 하늘에 속한 자의 형상을 입으리라(고전 15:22, 45-49).

다른 곳, 특히 로마서 5장 12-19절에서 바울은 이와 대조적인 입장에서 부연 설명한다. 아담의 유산은 죽음이지만 그리스도의 유산은 생명이다. 아담은 불순종에 뛰어났지만 그리스도는 순종에 뛰어나셨다. 아담은 생명의 선물을 받았지만 그리스도는 생명을 주셨고 또한 생명의 근원이 되셨다. 아담은 본래 땅에 속한 자이지만 그리스도는 낮아지심을 감내하셨다. 바울이 말하는 둘째 아담은 모두 인자를 설명한다. 인자는 새 언약의 중보자요 수장이시다. 성경에서 예수님의 양성, 곧 신성과 인성을 동시에 가장 잘 표현한 호칭이 바로 인자다.

인자라는 상(像)은 칼케돈 공의회의 전형적인 서방 기독론(AD 451년)의 배경이 된다. 그리스도는 "vere Deus요 vere homo," 즉 '참된 하나님이요 참된 인간' 이시다.

고난 받는 종

이사야서의 저자가 누구인가, 그리고 '고난 받는 종'이란 누구를 가리키는 것인가를 놓고 수년 동안 격렬한 논쟁이 있었다. 그러나 신약 성경 저자들이 참으로 예수님으로 말미암아 이 메시야 상이 궁극적으로 성취됐다고 믿었다는 사실에는 누구도 이의를 제기하지 않는다. 공생애를 시작하며 나사렛 회당에서 설교하셨을 때 예수님께서는 분명 자신의 사역을 이사야의 예언을 들어 표명하셨다. 예수님께서는 이사야 61장을 인용해 자신의 사명의 기조를 선포하셨다. 누가는 우리에게 이렇게 말했다.

> 선지자 이사야의 글을 드리거늘 책을 펴서 이렇게 기록한 데를 찾으시니 곧 주의 성령이 내게 임하셨으니 이는 가난한 자에게 복음을 전하게 하시려고 내게 기름을 부으시고 나를 보내사 포로된 자에게 자유를, 눈먼 자에게 다시 보게 함을 전파하며 눌린 자를 자유케 하고 주의 은혜의 해를 전파하게 하려 하심이라 하였더라 책을 덮어 그 맡은 자에게 주시고 앉으시니 회당에 있는 자들이 다 주목하여 보더라 이에 예수께서 저희에게 말씀하시되 이 글이 오늘날 너희 귀에 응하였느니라 하시니 (4:17-19).

예수님께서는 말씀과 사역으로 이 선언을 확증하셨다. 예수님께서는 가난한 자들에게 복음을 전하셨고 병든 자에게 치유를, 압제당하는 자에게 자유를 주셨다. 세례 요한이 의문이 생겨 사신을 보내 참으로 메시야이신지 아닌지를 물었을 때, 예수님께서는 이렇게 대답하셨다.

> 너희가 가서 보고 들은 것을 요한에게 고하되 소경이 보며 앉은뱅이가 걸으며 문둥이가 깨끗함을 받으며 귀머거리가 들으며 죽은 자가 살아나며 가난한 자에게 복음이 전파된다 하라 누구든지 나를 인하여 실족하지 아니하는 자는 복이 있도다 하시니라(눅 7:22-23).

예수님께서 자신의 사명을 어떻게 이해하셨는가를 알려면 단순히 예수님과 다윗의 관계나 예수님과 인자의 관계를 아는 것 정도로는 곤란하다. 이사야서가 신약 성경에서 가장 많이 인용된 선지서라는 사실은 결코 우연이 아니다. 예수님께서는 이사야 61장의 말씀으로 자신의 생을 규정하셨다. 그럴지라도 신약 성경 저자들의 주의를 가장 많이 사로잡은 것은 바로 예수님의 죽음과 이사야 53장에 나타난 고난 받는 종에 대한 이사야의 관점의 관계였다.

이사야가 고난 받는 종에 대해 묘사한 곳을 읽으면 마치 그 고난을 직접 목격한 사람이 쓴 것처럼 보인다. 이사야서에 나오는 '종'이 신약 시대에 십자가를 바로 깨닫도록 정보를 제공한다는 사실은 놀라운 일이다. 우리는 우리를 위해 목숨을 버리신 그리스도가 범죄자들과 동렬에 있는 것을 알고 있다. 하나님 아버지께서 우리의 죄악을 속죄의 희생 제물에게 전가시키신 사실을 알고 있다. 바로 여기에 십자가의 치욕과 구속의 한 방도로 치러진 주의 고난의 주된 목적이 있다. 요한은 예수님을 가리켜 '세상 죄를 지고 가는 하나님의 어린양'이라 불렀다. 예수님께서는 죄를 짊어지신 분이다.

성경에서 이사야 53장처럼 'Deus pro nobis(하나님께서 우리를 위해)'를 거듭 반복해서 말하는 곳은 없다. 칼 바르트(Karl Barth)가 지적했던 대로, 예수님께서 종이 되신 것은 '… 을 위하여'⁵의 뜻을 가진 'hyper'라는 헬라어로 요약될 수 있다. 이런 면을 무시하고 예수님의 생애와 사역을 해석한다면 그것은 신약 성경의 본문을 극단적으로 왜곡한 것이다.

선지자, 제사장, 왕

그리스도의 사역은 세 가지 직위로 설명할 수 있다. 그리스도는 선지자요, 제사장이요, 왕이시다. 선지자로서 예수님께서는 하나님을 대신해 말씀하신다. 예수님께서는 로고스, 곧 하나님의 궁극적인 최고 말씀이시다. 선지자라는 구약 시대의 직위는 예수님으로 말미암아 완전히 성취되었다. 구약의 선지자들처럼 예수님께서는 예언하고 선포하신다. 그리고 예수님께서는 구약 성경에 기록된 예언의 궁극적인 대상이기도 하셨다. 제사장으로서 예수님께서는 하나님 앞에서 백성들을 대표하신다.

예수님께서는 최고의 희생 제물을 드리셨을 뿐만 아니라 최고의 희생 제물이 되셨다. 예수님께서는 우리의 영원한 제사장, 곧 우리에게 필요한 유일한 제사장이시다. 그러므로 선지자요 제사장이요 왕으로서 예수님께서는 구약 시대에 메시야 대망에 속해 있던 세 가지 직위를 완성하셨다. 선지자요 제사장이요 왕이신 분은 또한 인자요 고난 받는 종이요 다윗의 자손이다. 예수님의 행하신 일들 가운데 가장 놀라운 점은 바로 예수님께서 구약 시대에 메시야 대망에 속해 있던 이 모든 측면들을 한 인격과 한 사역 안으로 통합시켰다는 것이다. 쿨만(Cullmann)은 이에 대해 다음과 같이 말한다.

'고난 받는 종'과 '인자'는 둘다 이미 유대교 안에 존재했다. 그러나 예수님께서 이 두 칭호를 정확하게 결합시킨 사실은 완전히 새로운 것이었다. 유대교에서 '인자'는 더 이상 높아짐을 생각할 수 없는 최고의 선언이었고 '주의 종'은 가장 치욕스러운 낮아짐의 표현이었다. 실제로 유대교에 고난 받는 메시야라는 개념이 있다고 할지라도, 이것으로 고난과 하늘 구름을 타고 오는 인자가 정확히 결합된다고 입증할 수는 없다. 이것은 아직 들어본 일이 없는 예수님의 새로운 작업이다. 즉 예수님께서는 명백히 대조되는 이 두 가지 일을 자의식 속에 통합시키셨고 또한 자신의 생애와 교훈으로 이와 같은 통합을 입증하셨다.[6]

아마도 신약 성경에서 그리스도의 낮아지심과 높아지심을 가장 극명하게 결합시킨 곳은 바로 요한계시록 5장 이후일 것이다. 요한은 인으로 봉해진 매우 중요한 책이 펴질 때 천국으로 들어가게 된다는 이상을 받았다. 그리고 천사의 외침을 들었다. "누가 책을 펴며 그 인을 떼기에 합당하냐"(2절). 그러나 아무 대답이 없었다. 누구도 그 중책을 맡기에 합당하지 않았기 때문이다. 요한의 실망은 슬픔으로 변했다.

그러나 한 장로가 그를 위로했다. "울지 말라 유대 지파의 사자 다윗의 뿌리가 이기었으니 이 책과 그 일곱 인을 떼시리라"(5절). 갑자기 이야기의 분위기는 돌변하고 요한의 절망은 기대감으로 바뀐다.

> 내가 또 보니 보좌와 네 생물과 장로들 사이에 어린양이 섰는데
>
> 일찍 죽임을 당한 것 같더라 …
>
> 어린양이 나와서
>
> 보좌에 앉으신 이의 오른손에서 책을 취하시니라 …
>
> 새 노래를 노래하여 가로되
>
> 책을 가지시고
>
> 그 인봉을 떼기에 합당하시도다
>
> 일찍 죽임을 당하사
>
> 각 족속과 방언과 백성과 나라 가운데서
>
> 사람들을 피로 사서 하나님께 드리시고
>
> 저희로 우리 하나님 앞에서 나라와 제사장을 삼으셨으니
>
> 저희가 땅에서 왕노릇 하리로다(6-10절).

요한계시록의 극적인 장면은 하늘의 반응을 메시야와 결합시킨다. "우

리는 예수 그리스도를 믿습니다"라는 고백은 가장 높은 찬송을 예수님께 돌리는 것과 같다.

그 외아들, 우리 주

사도신경은 예수님을 하나님의 외아들이라 부른다. 하나님의 아들이라는 칭호는 신성을 주장한다. 그럴지라도 이 명칭은 다양한 뉘앙스를 가진 복합어다. 분명 이것은 신약 성경에서 예수님을 부를 때 사용된 가장 귀중한 칭호 가운데 하나다.

1960년대에 유명한 사신(死神, Dead of God) 신학자들 가운데 한 사람인 폴 반 부렌(Paul van Buren)은 하나님의 아들이라는 칭호를 그리스도의 신성을 고백하는 데 사용하는 것에 의문을 제기했다. 그는 구약 성경에서 하나님의 아들이라는 칭호는 이스라엘이나 특히 언약을 대표했던 왕과 제사장들을 가리키는 말이었다고 지적했다.[7] 반 부렌은 서구의 크리스천들이 예수님의 본성을 설명할 때 아들이라는 말을 사용한 것은 그리스 교부들에서 빌려온 것이라고 말했다. 그리스 교부들의 범주에는 아버지라는 존재가 아들이라는 존재에 의해 공유된다. 따라서 예수님께서 하나님의 아들이시라면 그분은 하나님 아버지와 같은 본질을 갖고 계시다는 의미다.

하나님의 아들이라는 칭호가 무엇을 의미하는가 하는 것이 아리우스파의 논쟁의 핵심 사항이었는데, 이 논쟁은 AD 325년 니케아 신조가 공표되었을 당시 절정에 달했다. 니케아에서 교회는 그리스도가 하나님 아버지와 '동일한 본질'을 가졌다고 고백했다. 즉 예수님께서는 신성을 가지셨다고 고백했다. 급진적인 신학자들은 하나님의 아들이라는 칭호가 그리스도의 직무나 직위와 상관없이 오직 그리스도의 사역을 설명하는 것이라고 주장한다.

피상적으로 보면 이런 주장도 일리가 있다. 성경은 하나님의 아들이라는 용어를 예수님께만 배타적으로 사용하지 않았다. 하나님의 아들 또는 하나님의 아들들이라는 말은 창세기 6장 2절, 4절에서 다소 불분명한 의미로 사용되었고, 또 욥기 1장 6절과 2장 1절에서 피조물인 영적인 존재들을 가리키는 말로 사용되었을 뿐이다. 하나님께서는 종종 이스라엘이나 유다를 가리켜 '나의 아들(들)'이라고 부르셨는데 이것은 언약의 행위를 설명하기보다는 언약의 친밀성을 나타내는 용어였다(예를 들어 출 4:23, 렘 10:20, 겔 21:10, 호 11:1 참조).

이사야 43장 6-7절은 민족에 근거해 이스라엘이라는 범위를 영적인 이스라엘, 곧 '내 이름으로 일컫는' 모든 사람들에게로 확대시킨다. 이 구절은 메시야 시대를 가리키지만 메시야를 하나님의 아들로 부르지는 않는다. 다윗을 '내 아들'로 명명한 구절들, 특히 시편 2편 7절은 메시야를 암시하는 것이 분명하다. 역대상 22장 10절과 28장 6절은 솔로몬을 '내 아들'이라 부른다. 신약 성경의 여러 본문들은 신자들을 그리스도 안에서 하나님의 양자 된 자들이라 칭한다. 하나님의 아들이라는 용어가 예수님의 범위를 벗어난다는 증거는 불충분하다. 그러나 우리는 여기에 주의해야 한다. 아들이라는 개념은 언약 안에서 더 광대하게 뻗어 있다.

성경이 예수님을 '독생자'로 표현한 대목에 이르면 문제는 더 복잡해진다. 이런 표현은 거의 옛 번역본들에 나와 있다. 요즘 번역본들은 이 용어 사용하기를 꺼린다. 왜냐하면 몇 세기를 거치는 동안 영어에서 이 용어의 의미가 변했기 때문이다. 요즘 번역본들은 '발출', 곧 하나가 다른 하나에서 발출한다는 개념을 사용하려 한다. 그러나 이것 역시 정확하지 않다.

분명 그리스 교부들은 예수님을 피조물이라는 의미로 결국 하나님 아버지에게서 '나셨다'고 가르치지 않았다. 흠정역 성경(KJV)을 보면 요한복음 1장 14절은 예수님을 '아버지의 독생자'라 부른다. NIV 영어 성경에서는 예수님을 '한 분이시고 유일한 분이시니 아버지로부터 나신 자(the One and Only, who came from the Father)'라 부른다. 후자가 좀 더 정확한 표현이지만 아무래도 최고급 레스토랑의 고급 요리를 즉석 요리로 바꾼 것 같은 느낌을 준다.

우리는 하나님의 아들이라는 칭호를 그리스도의 독생하심이라는 말과 분리시킬 수 없다. 골로새서는 예수님을 '모든 창조물보다 먼저 나신 자'로 언급하고 나서 몇 절 뒤에 가서는 '죽은 자들 가운데서 먼저 나신 자'로 부름으로써 적합한 해석을 하고 있다(1:15, 18).

히브리서 저자는 예수님을 '세상으로 오신 맏아들'이라 불렀다(1:6). 이 구절들은 예수님을 피조물이라 주장하는 몰몬교도들과 여호와의 증인들이 좋아하는 증거 본문이다. 여호와의 증인들은 예수님께서 다른 모든 피조물들 위에 높이 되셨으며 심지어 선재하신 창조주로서 일하셨다고 인정한다. 그러나 그럼에도 불구하고 이들은 결코 그리스도를 하나님으로 여기지 않는다. 이들과 다른 많은 사람들은 그리스도의 '아들 되심'에 기초한 삼위 일체를 부정한다.

기독교와 삼위 일체를 부인하는 종파들 사이에 있었던 최대 논쟁은 분명 4세기의 아리우스파의 논쟁일 것이다. 아리우스는 한 존재가 '나신(begotten)' 동시에 '영원할' 수는 없다고 주장했다. 이에 대해 교회는 그리스도가 '영원히 나셨다'고 대답했는데, 이것은 논리적으로나 의미론적으로 일종의 확대 해석이다. 이것은 단순히 이론적인 사색이 아니다. 이것은 교회의 생명과도 같은 중추 신경, 곧 경배라는 문제를 건드린다. 이것은 예수님과 당시 사람들 사이의 대립의 근거였다. 그리스도가 하나님보다 못한 존재인데도 그분께 경배한다면 이것은 가증한 우상 숭배에 해당된다. 예수님께서 단지 피조물에 불과하다면 그런 끔찍한 죽음은 참으로 합당한 것이다. 예수님께서는 사람들에게 서로 사랑하라고 가르쳤기 때문에 죽임을 당하신 게 아니다. 예수님께서는 바로 하나님 되심의 특권을 주장했기 때문에 죽임을 당하셨던 것이다.

우리가 헬라어와 영어의 사고 범주를 뒤로 하고 셈어(Semitic)의 개념으로 되돌아간다면 하나님의 아들과 태어난다는 말이 주는 혼란을 상당히 극복할 수 있을 것이다. 고대 유대인에게 태어난다는 용어는 생물학적인 기원을 가리키는 말이 아니라 독특한 관계를 묘사하는 말이다. 이런 이유로 마태복음은 예수님의 족보로 문을 연다. 이 족보는 사실 생물학적으로 친아버지도 아닌 요셉부터 다윗까지 예수님의 선조를 추적한다. 한번 형성된 부자간의 결합은 어떤 식으로든 혈통만큼이나 강력하게 가족 관계를 증명한다. 니케아 공회가 그리스도가 "나셨지만 창조되지는 않았다(begotten, not made)"고 고백했을 때, 그들은 비합리적인 역설로 후퇴한 것이 아니라 아버지와 아들이 하나라는 점을 명료하게 표현한 것이다. 이것은 영원히 가까운 관계다.

히브리서 저자는 하나님 아버지와 그의 아들의 결합을 언급함으로써 천사들에 대한 아들의 주권을 표명한다(1:5-6). 하나님께서 천사들을 향해 그리스도께 경배를 드리라고 명하심으로써 그리스도는 천군들 위에 높이 되셨다. 예수님께서는 도마에게 경배를 받으셨는데 분명히 예수님께서는 그 경배가 이스라엘의 엄격한 유일신 사상에서 나온 행위였다는 것을 알고 계셨다. 하나님 아버지는 아들이 경배를 받으실 때 함께 영광을 받으신다. 왜냐하면 아버지와 아들은 하나이시기 때문이다.

여호와의 증인들은 예수님을 '한(a)' 신으로 간주하면서 그분께 대한 경배를 정당화한다. 요한이 "이 말씀은 곧 하나님이시니라"(요 1:1)라고 분명히 말했을 때, 여호와의 증인들은 거기에 명확하게 관사가 붙지 않는다는 사실에 큰 의미를 부여한다. 요한이 말하는 것은 예수님께서 그 하나님(the God)이셨다는 것이 아니라 '한 신(a god)'이었을 뿐이라는 것이다. 이런 식의 해석은 일반적인 헬라어 용례를 무시하는 것이다. 이것은 예수님을 '그' 하나님보다 못하게 만들어서 가장 어리석은 다신교에 빠지게 한다.

그 '외' 아들

사도신경이 '외'라는 말을 삽입했을 때 이 용어는 다시 한번 독특성을 암시한다. 성경에서 다른 개인들은 모두 그냥 아들이라 불리지만 그리스도는 홀로 '독생자'시다. 그리스도는 하나님 아버지와 독특한 관계를 맺고 있으며 또한 하나님 아버지로부터 독특하게 나셨다. '외'라는 말은 오직 하나를 의미한다. 그리스도가 하나님 아버지와 맺고 있는 밀접한 관계는 다른 사람이 하나님에 대해 품는 친밀성과는 질적인 차이가 있다. 이런 셈어 특유의 어법은 그리스도의 인격과 사역의 독특성을 보여준다. 독생자는 독특한 임무를 위해 창조된 피조물이 아니라 참된 하나님께로부터 나온 참된 하나님(Very God of Very God), 곧 삼위 일체의 제2위이시다. 그리스도는 성육신하심으로써 우리를 위해 하나님 아버지를 향해 자신을 낮추셨다. 빌립보서 2장은 의미 심장하다.

너희 안에 이 마음을 품으라 곧 그리스도 예수의 마음이니.

그는 근본 하나님의 본체시나
하나님과 동등됨을 취할 것으로 여기지 아니하시고
오히려 자기를 비어
종의 형체를 가져
사람들과 같이 되었고
사람의 모양으로 나타나셨으매
자기를 낮추시고
죽기까지 복종하셨으니
곧 십자가에 죽으심이라(5-8절).

우리 주

그리스도를 주로 고백하면서 사도 신경은 사도 시대 교회의 제1의 신앙 고백을 되풀이한다. 당시의 첫번째 신조는 가장 단순한 진술 곧, "예수는 주시다"였다. 주라는 칭호는 예수님께 대한 가장 고귀한 칭호다. 신약 시대의 문화에서 퀴리오스(kyrios, 주)라는 칭호는 다양하게 사용됐다. 때로 이것은 단순히 편지에서 쓰고 있는 '친애하는 선생님'처럼 정중한 인사말로 쓰였다. 이것은 또한 노예의 주인이나 지배자를 가리켰다. 사도 바울은 자신을 가리켜 '퀴리오스(kyrios, 주)', 예수 그리스도의 '둘로스(doulos, 종)'라 칭했다. 노예의 주인은 노예를 사고 소유하고 다스렸다. 신약 성경은 이 말을 상징적인 의미로 자주 사용했다.

'주'라는 칭호는 좀더 높은 의미로 제국의 힘과 권위를 가진 자들에게 사용됐다. 로마 제국이 황제에게 충성을 맹세하며 키로스 카이사르(Kyros Kaisar, "카이사르는 주다")라는 문구를 복창하기를 강요하자 교회는 위기를 맞았다. 황제의 칭호는 신학적이고 종교적인 암시로 가득 차 있었다. 쿨만(Cullmann)은 다음과 같이 지적했다. "고대의 관점으로 볼 때 세계 제국의 주권은 우주에 대한 주권을 의미했다."[8] 그래서 많은 크리스천들은 충성을 맹세하기보다는 오히려 죽음을 택했다. 이렇게 카이사르를 '주'라고 부르기를 거부했던 것은 시민으로서 혁명적인 반항 의식에서 나온 것이 아니라, 당연하게 카이사르에게 속하지 않은 것을 그에게 돌리는 것을 꺼려 했기 때문이었다. 절대적인 주권과 통치와 권세는 홀로 우주의 주로서 군림하시는 그리스도에게 속한 것이다.

일부 사람들은 이런 경우를 들어 신약 성경이 예수님을 주라 언급한 것에는 특별한 의미가 없다고 억지 소리를 한다. 그렇다면 우리는 단지 '친애하는 선생님'라는 정중한 인사말을 문제삼고 있는 셈이다. 그러나 이 용어의 전후 문맥으로 거기에 무슨 뜻이 있는지 아주 명백하게 드러나기 때문에 이런 논쟁은 무의미하다. 예수님께서는 자신을 안식일의 '선생'이라 부르지 않으셨다. 도마는 예수님을 '나의 선생, 나의 하나님'이라 고백하지 않았다. 이 고귀한 성격의 칭호는 더할 나위없이 최대의 예를 갖춘 곳에서 접할 수 있는 그런 용어다. 예수님을 '주의 주'라 부를 때 그것이 무엇을 뜻하는지는 의심할 나위가 없다. 이것은 분명 모든 하위 권세를 지배하는 절대적인 권세를 가리키는 것이다.

주라는 칭호에서 가장 중요한 것은 바로 구약 성경과의 관계다. 구약 성경이 헬라어로 번역될 때(70인역) 하나님을 가리키는 칭호인 히브리어

'아도나이(Adonai)'는 퀴리오스(Kyrios)로 번역되었다. 감히 입에도 올릴 수 없었던 하나님의 '이름' 여호와는 너무나 거룩해서 예배 때조차 사용될 수 없었다. 예배 때 공적으로 성경을 낭독하던 사람이 여호와라는 말을 발견하면 그는 그 말 대신 아도나이라고 고쳐 읽었다. 아도나이는 하나님의 절대적인 권세와 능력을 나타내는 칭호였다.[9]

구약 성경을 영어로 번역할 때 일부 번역본들은 여호와와 아도나이를 모두 주라고 옮겼다. 그리고 히브리어의 뜻을 표시하기 위해 영어 성경은 이 둘을 눈으로 구별할 수 있도록 특별한 인쇄 방식을 채택했다. 여호와를 번역할 때는 그 단어를 대문자로 즉 'LORD'로 옮겼다. 그리고 그 뒤에 아도나이가 있을 때는 대문자와 소문자를 섞어서 'Lord'로 표기했다. 예를 들어 영어 성경(NIV)에서 시편 8편은 이렇게 시작한다. "O LORD, our Lord(주의 이름이 온 땅에 어찌 그리 아름다운지요)." 히브리어를 엄격하게 번역한다면 "오 여호와, 우리 주여 …"가 될 것이다. 여호와는 하나님의 '이름'이고 아도나이는 하나님의 '칭호'다.

이것은 우드로우 윌슨(Woodrow Wilson) 대통령의 표현과 비교될 수 있을 것이다. '우드로우'는 윌슨의 이름이었고 '대통령'은 그의 역할이나 직분을 표시하는 칭호였다.

시편 110편은 이렇게 기록했다. "여호와께서 내 주에게 말씀하시기를 … 내 우편에 앉으라 하셨도다."

여기서 여호와는 다윗의 주이신 아도나이께 말씀하고 자기 우편에 앉으라고 하신다. 신약 시대에 예수님께서는 하나님 우편에 오르시고 퀴리오스라는 칭호를 받으신다. 이것은 "모든 이름 위에 뛰어난 … 하늘에 있는 자들과 땅에 있는 자들과 땅 아래 있는 자들로 모든 무릎을 예수의 이름에 꿇게 하시고 모든 입으로 예수 그리스도를 주라 시인하여 하나님 아버지께 영광을 돌리게"(빌 2:9-11) 하신 그 이름이다.

　객관적인 견지에서 예수님께서 '그 주'시라는 것은 신약 성경의 공통된 주장이다. 예수님께서는 모든 피조물에 대해 왕권을 가지고 계신다. 예수님의 권세는 우주적이다. 그러나 사도신경은 예수님을 그 주라고 고백할 뿐만 아니라 우리 주라고도 고백한다. 기독교 신앙의 중심에는 신자 각자가 하나님께서 높이신 왕의 권세에 복종하는 사실이 자리잡고 있다. 이 고백은 그 자체만으로는 무의미하다. 예수님께서는 이렇게 말씀하셨다. "그 날에 많은 사람이 나더러 이르되 주여 주여 우리가 주의 이름으로 선지자 노릇하며 주의 이름으로 귀신을 쫓아내며 주의 이름으로 많은 권능을 행치 아니하였나이까 하리니 그때에 내가 저희에게 밝히 말하되 내가 너희를 도무지 알지 못하니 불법을 행하는 자들아 내게서 떠나가라 하리라"(마 7:22-23). '주'라고 고백하는 것과 거기에 포함된 모든 일을 행하는 것은 성령님을 떠나서는 불가능하다.

...
예수 그리스도를
믿사오니,
이는 성령으로 잉태하사
동정녀 마리아에게 나시고

I believe...
in Jesus Christ,...
who was conceived
by the Holy Ghost,
born of the virgin Mary.

논쟁 위에 선 동정녀

라디오 토크 쇼에 나온 한 여성 인사가 단호한 어조로 여자는 모두 임신을 자제해야 한다고 주장했다. 이렇게 혼란스러운 세상에 아이들을 내보낸다는 것은 잘못이며 이미 인구가 너무 많기 때문에 출산은 문제를 더 악화시킬 뿐이라는 것이다. 라디오 진행자는 그 여성 인사의 주장에 일부 동의하면서도 사회가 전반적으로 그런 주장을 받아들이거나 요구한다면 결과적으로 지구 인구는 감소할 것이라고 말했다.

그러자 그녀는 아무 문제 없다고 하면서 항상 시험관을 통해 아이들을 더 얻을 수 있다고 말했다.

그녀는 여성학에서는 완벽했지만 생물학에서는 다소 문제가 있었다.

사도신경은 그리스도에 대한 일반적인 신앙 고백을 말하고 그 다음에는 그리스도의 생애와 사역 가운데 우리 구원에 지극히 중요한 몇 가지 사실들을 말하고 있다. 그리스도의 탄생에 대한 주장들은 가장 큰 논쟁거리였다. 교회사를 볼 때 초기 몇 세기 동안 이것은 별로 큰 문제가 아니었는데 지난 두 세기 동안에는 끓는 냄비처럼 뜨거운 쟁점이 되었다. 신약 성경에 나오는 모든 기적들은 고등 비평가들에 의해 신화로 전락했고 그리하여 망각 속으로 사라졌다. 그러나 이렇게 역사적인 예수님을 수호하는 자들로 말미암아 예수님의 탄생은 특별한 조명을 받고 있다.

동정녀가 아기를 가졌다.

그리고 나는 생물학적으로 아주 적합하게 가졌다.

… 성령으로 잉태하사
동정녀 마리아에게 나시고 …

동정녀 탄생은 형편없는 수준에서부터 전문적인 수준에 이르기까지 아주 다양한 기반을 가진 자연주의자들과 초자연주의자들로부터 모두 배척되어왔다. 다음은 동정녀 탄생을 반대하는 유명한 주장들을 다룬 것이다.

과학에서 나온 주장

동정녀 탄생을 반대하는 가장 일반적인 이유는 그것이 생물학적으로 불가능하다는 데 있다. 일반적인 생물학적 법칙에 따르면 여자가 육체 관계나 인공 수정을 거쳐 정액을 받지 못하면 임신하는 것은 불가능하다. '동정녀' 탄생이 가능하려면 생물학적인 법칙을 완전히 무시하고 남성의 정자가 자연 발생적으로 생겨나야 한다. 과학 실험에서 이와 유사한 경우는 단 한 번도 나오지 않았다.

물론 이런 반대는 우리가 불변의 법칙에 따라 무조건 움직이는 자연적이고도 자급 자족적이며 기계적인 우주에 살고 있다는 믿음을 전제로 한 것이다. 앞서 5장에서 18세기의 이신론자들이 우주를 이렇게 가정했다고 살펴본 바 있다. 이신론은 신성한 시계 제조공(Divine Watchmaker)을 인정하든지 안 하든지 간에 자연주의적인 과학에 큰 영향을 끼쳤다. 우주의 실체를 이렇게 이해한다면, 생물학적으로 곤란하다는 사실이 그리스도의 탄생을 의심하는 유일한 이유는 아닐 것이다. 이런 사상으로는 인격적인 하나님께서 역사와 인간을 구속할 목적으로 타락한 세상에 들어온다는 생각을 인정할 수 없을 것이다.

그러나 자연주의적인 전제라고 해서 초자연주의적인 전제보다 검증이 더 용이한 것도 아니다. 그것은 기껏해야 이론적인 가설일 뿐이며 성경적인 신학뿐만 아니라 현대의 철학이나 방법론과도 맞지 않는다. 과학적인 방식은 귀납적 추리, 곧 분석과 실험에 기초해 이론과 공리와 법칙을 다룬다. 1700년대 중반에 흄(David Hume)이 인과율을 논한 이래로, 분별력 있는 과학자들은 가능과 불가능이 아니라 확률 지수를 말하고 있다. 우리가 임신과 출생의 현상을 귀납적으로 연구해 헤아릴 수 없이 많은 여성의 몸에서 임신이 수정의 형태로, 곧 몸 밖으로 나온 남자의 정자가 여성의 난자를 수태시키는 형태로 이루어진다는 사실을 알아낸다면, 여기서 우리는 생물학적 '법칙'을 세울 수 있는 강력한 예를 마련한 것이다. 이 법칙은 가능성이 천문학적으로 높은 확률 지수에 그 근거를 두고 있다. 그럴지라도 이 세상의 모든 동인과 실재를 남김없이 조사하고 알 때까지는 어떤 귀납적 법칙도 절대적인 법칙이 될 수 없다.

통제된 연구실의 실험에서 재현될 수 없다고 해서 그것이 결코 일어날 수 없는 일이라고 단정할 수는 없다. 연구실의 실험은 만일의 변수를 무시할 수 없다. 시간이라는 변수가 항상 문제다. 동정녀 탄생에는 하나님의 전능함이라는 변수의 가능성이 있다. 당신도 이런 변수를 시도해보라. 과학자들이 동정녀 탄생의 확률에 대해서는 이러쿵저러쿵 마음대로 판단해도 좋지만 그 가능성에 대해서는 그렇게 하면 안 된다. 아마도 이렇게 미세한 구분을 시도하는 것은 다소 현학적인 냄새를 풍길지 모른다. 그러나 이런 구분점은 결정적인 사항이다. 이것은 '유일 무이한 사건'을 다루고 있는데, 이 사건은 궁극적으로 분석해볼 때 과학적인 문제가 아니라 역사적인 문제다. 과학자들은 일어나고 있는 일은 연구하지만 이미 일어났던 일을 연구하지는 않는다. 현재를 분석함으로써 과거나 미래에 대해 얻을 수 있는 지식은 객관적인 확률 지수일 뿐이다. 동정녀 탄생이 불가능하다는 것은 타당한 판단이 아니다. 과학적으로 동정녀 탄생의 가능성이 매우 희박하다고 말해야 그것이 정당한 판단일 것이다.

일반적으로 기독교 신앙을 비판하는 이들은 단 한 번 일어난 유일 무이한 기적들을 다룬다고 공격한다. 그러나 사람들이 유일 무이한 기적들을 판단하는 데 곧잘 적용하는 다음 원칙은 좀 미심쩍다. 즉 '유일 무이한' 사건은 재현되거나 반복될 수 없고 일상적인 경험과 맞지 않으며 경험적으로 입증될 수 없기 때문에 그것은 마땅히 부적절한 증언으로 폐기되어야 한다는 것이다. 이런 인식론의 원칙을 과학 기획에 시종 일관 적용해야 한다면, 우리의 모든 지식 체계는 힘없이 무너지고 말 것이다. 100마리 고양이에 대한 지식이 있으려면 적어도 1마리 고양이에 대한 지식이 있어야 한다. 일련의 사실들을 분석하려면 먼저 분석할 수 없는 첫번째 사건을 인정해야 한다. 그렇지 않으면 인정할 수 없는 유일 무이의 사건들을 한없이 늘어놓아야 할 것이다. 이런 원칙을 엄격하게 고수한다면 어떤 식의 개별

화도 이루어지지 않을 것이고 모든 과학의 기초가 되는 분류학도 성립되지 않을 것이다.

신약 성경이 동정녀 탄생을 흔한 일로 제시한다면, 그것은 인간 저자들의 진실성을 심각하게 의심할 만한 합리적인 근거가 될 것이다. 그러나 성경은 순전히 유일 무이하다고 주장하는 사건을 다룬다. 현장의 목격자들도 일어난 일을 믿기 어렵다. 그리스도의 생애는 '유일 무이한' 사건들로 가득하다. 분명 그리스도의 복음은 놀랄 만하다. 동정녀 탄생의 가능성 여부는 인간의 보통 생식 과정보다 훨씬 더 복잡한 체계인 우주 전체 의미와 운명이라는 좀더 광범위한 문제를 토대로 판단해야 할 것이다. 한 사건이 한 번 일어났다고 해서 부정하는 태도는 비과학적이다.

배타적인 체계를 가진 자연주의 과학이 동정녀 탄생의 가능성을 부정하는 것은 이상하지 않다. 이상한 것은 크리스천들이 동정녀 탄생을 예수님의 다른 기적들과 분리시키면서 불신자들에게 동조하는 이유다. 동정녀 탄생은 신약 성경이 예수님을 묘사한 전체 모습과 완전히 일치한다. 우리가 예수님께서 다루신 문제들을 이해하려면 그런 탄생은 절대적으로 필요하다. 사람들은 왜 그리스도의 부활과 무죄는 인정하면서 유일 무이한 방식으로 태어나실 가능성은 부인한단 말인가? 죄 없는 인간보다 유일 무이한 일이 어디 있는가? 기독교 신앙은 그리스도의 유일 무이성으로 일어서기도 하고 넘어지기도 한다. 내가 우주의 기원을 유일 무이하다고 해서 부인한다면, 유일 무이한 사건들을 토론하기 위해 지금 여기 존재해야 할 이유는 없는 것이다. 동정녀 탄생이 가능하다고 말하는 것이 그것의 진실성을 입증하는 것은 아니다. 그러나 적어도 그렇게 말한다면 그것이 불가능하다는 근거 없는 주장으로 어설프게 거부하는 일은 없을 것이다.

성경 해석에서 나온 주장

특히 전통적으로 자유주의 신학을 추종하는 일부 사람들은 신약 성경이 동정녀 탄생을 가르친 일조차 없다고 주장한다. 가장 큰 논쟁점은 마태가 이사야의 예언을 인용한 부분이다. "보라 처녀가 잉태하여 아들을 낳을 것이요 그 이름은 임마누엘이라 하리라 하셨으니 이를 번역한즉 하나님이 우리와 함께 계시다 함이라"(마 1:23). 그러나 이사야 7장은 '알마(alma)'가 잉태하리라고 말한다. 히브리어에서 알마라는 말은 엄밀히 말해 처녀를 가리키는 말이 아니다. 오히려 베둘라(bethula)라는 말이 처녀에 더 적합한 용어다. 알마라는 말은 일반적으로 좀더 '젊은 여자'를 가리킨다. 따라서 이 주장은 이사야서와 신약 성경이 젊은 여자가 아기를 가질 것이라는 사실 이상을 가르칠 의도는 전혀 없었다는 것이다. 이사야의 아내는 실제로 그렇게 했다.

이러한 주장은 어원으로 볼 때나 문맥으로 볼 때나 모두 타당하지 않다. 알마라는 말은 베둘라라는 말만큼 그렇게 엄밀하지는 않더라도 '젊은 여자'라는 말처럼 그렇게 모호하지는 않다. 알마는 아주 강하게 처녀임을 암시한다. 영어의 세 단어, 즉 버진(virgin), 영 우먼(young woman), 메이든(maiden)의 용례도 이와 같은 경우다. 버진은 이제까지 한 번도 성적인 접촉이 없었다는 의미로 성적인 순결성을 나타낸다. 현대어에서 '영 우먼'은 성적으로 순결할 수도 있고 아닐 수도 있다. 영 우먼은 단순히 나이와 성을 표시하는 말일 뿐이다. 메이든이라는 말은 고어(古語)로서 요즘에는 별로 사용되지 않는다. 보통 그 말은 시나 옛 가곡의 가사들에서 접하게 된다. 여기서 알마는 메이든과 거의 같은 뜻이다. 메이든은 처녀의 순결성을 강하게 암시한다. 그것은 버진처럼 그렇게 명백하지는 않더라도 영 우먼보다는 성적인 순결성을 훨씬 더 강하게 암시한다. 이와 비슷하게 알마도 버진보다 명확하지는 않지만 영 우먼보다는 더 명백하다.

그러나 단어들의 정의보다 더 중요한 것은 그것들이 사용된 전후 문맥이다. 이사야 7장을 보면 어떤 알마, 곧 이사야의 아내가 통상적인 방식으로 임신을 하고 아기를 낳았을 때 그 예언은 일부 성취되었다. 그러나 이것은 본 사건, 곧 그리스도의 탄생의 예시나 예표였을 뿐이다. 마태복음과 누가복음은 독자들이 이 사실을 깨닫도록 주의를 기울인다. 누가복음의 수태 고지 부분을 보면, 마리아는 천사 가브리엘로부터 임신하여 아들을 낳을 것이라는 소식을 듣는다. 마리아는 당황하여 이렇게 대답한다. "나는 사내를 알지 못하니 어찌 이 일이 있으리이까"(눅 1:34). 그러나 천사는 이렇게 말한다. "성령이 네게 임하시고 지극히 높으신 이의 능력이 너를 덮으시리니 이러므로 나실 바 거룩한 자는 하나님의 아들이라 일컬으리라"(35절). 이러한 전후 문맥은 마리아에게 무슨 일이 일어났는지에 대해 의심의 여지를 남기지 않는다. 마리아의 수태와 그녀의 친족 엘리사벳의 임신에 대해 천사는 이렇게 말한다. "대저 하나님의 모든 말씀은 능치 못하심이 없느니라"(37절). 전해들은 소식이 가능성의 법칙들을 거스르는 것이기 때문에 불가능하다는 의문이 생긴다.

이 점에 대해 마태의 진술은 훨씬 더 분명하다.

> 예수 그리스도의 나심은 이러하니라 그 모친 마리아가 요셉과 정혼하고 동거하기 전에 성령으로 잉태된 것이 나타났더니 그 남편 요셉은 의로운 사람이라 저를 드러내지 아니하고 가만히 끊고자 하여 이 일을 생각할 때에 주의 사자가 현몽하여 가로되 다윗의 자손 요셉아 네 아내 마리아 데려오기를 무서워 말라 저에게 잉태된 자는 성령으로 된 것이라 … 요셉이 잠을 깨어 일어나서 주의 사자의 분부대로 행하여 그

아내를 데려왔으나 아들을 낳기까지 동침치 아니하더니 낳으매 이름을 예수라 하니라(1:18-20, 24-25).

마리아는 분명 그들이 '동거하기' 전에 임신했다. 아기는 성령으로 잉태되었다. 전체 이야기에서 요셉의 반응에 의하면 이 구절들의 기록 의도가 무엇인지 분명해진다. 동정녀 탄생에 대한 신약 성경의 기록이 거짓이라고 주장하는 것은 별개의 문제다. 그러나 신약 성경이 동정녀 탄생을 가르치지 않았다거나 그런 개념이 일부러 끼워넣어진 것이라고 주장하는 것은 관련 본문들에 대한 심각한 신성 모독에서 나온 발상이다.

언급의 빈도수가 적다는 주장에 대해

알마(alma)와 베둘라(bethula)의 미묘한 차이를 세밀하게 분석해 동정녀 탄생을 부정하는 것은 이미 구식이 되었다. 요즘 동정녀 탄생을 부정하는 이유는 그것이 성경에 단지 두 번만 언급되어 있다는 데 있다. 그런 기적이 있었다면, 왜 모든 복음서가 그것을 언급하지 않았는가? 바울은 왜 그것을 언급하지 않았는가? 이런 의문들을 좇아가면 동정녀 탄생은 마태와 누가가 예수님의 지상 생애를 기록할 때 덧붙여놓은 가상의 이야기였다는 결론에 도달하게 된다.

동정녀 탄생을 반대하는 주장들 가운데 이것은 가장 주목할 만하다. 하나님께서 신약 성경을 완전하게 하는 데 깊이 관여하셨다고 고백하는 사람들은 도대체 하나님께서 얼마나 많이 말씀하셔야만 그것이 믿을 만한 일이 되겠느냐고 반문할지 모른다. 그러나 물론 위의 추론을 따르는 사람들은 하나님께서 그런 말씀을 하실 수 있는 분이라는 사실조차 믿지 못한다.

여기에 덧붙여 학문적으로 볼 때 일관성의 문제도 있다. 성경의 다른 문제들에도 언급의 빈도수라는 원칙을 적용하면, 우리가 믿을 수 있는 내용들은 매우 간략해질 것이다! 오직 누가복음만이 예수님의 승천을 기록하고 있다. 그러나 그리스도의 주권이라는 전체 개념에서 승천을 빼버린다면 그것은 아무 의미도 없다. 마가는 세례 요한의 사역으로 복음서를 시작하고 동정녀 탄생에 대해서는 일언 반구도 없다. 사실 그는 예수님의 탄생에 대해 아무것도 말하지 않는다. 아마도 마가가 예수님께서 세례받는 장면에서 처음 등장한 것으로 믿었다고 추론할 수 있을 것이다. 한 명제가 참임을 증명하는 대신 그 부정이 모순에 귀결한다는 것을 지적해 간접적으로 원 명제가 참이 된다는 것을 주장하는 귀류법에 따라 이 원칙을 좀더 넓게 적용해보면, 동정녀 탄생이 비록 두 번만 언급됐을지라도 두 명의 서로 다른 저자에 의해 언급됐다는 점을 주장해야 한다. 마태복음과 마가복음의 근거가 같음에도 불구하고 탄생을 기록하는 문체와 관점이 너무 다르다면 어떻게 이 두 복음서를 합작품이라고 생각할 수 있단 말인가?

그러나 한 저자가 여러 책에서 한 교리를 가르친다고 해서 무슨 문제란 말인가? 바울이 열 권의 책에서 한 교리를 가르치고 어느 누구도 그것을 가르치지 않는다면 그 교리는 폐기되어야 하는가? 어떤 성경 해석의 원칙에 따라 기독교 신앙의 신조로 인정되려면 얼마나 많은 저자들에 의해 얼마나 많이 기록되어야 한단 말인가? 언급의 빈도수가 적기 때문에 인정할 수 없다는 주장은 너무 독단적이다. 신약 성경의 다른 저자들이 동정녀 탄생을 부정한다면, 언급의 빈도수를 따지는 것이 타당할 것이다. 그러나 그런 경우가 아니라면 이런 주장은 엉터리다.

비슷한 신화들

회의론자들은 이른바 그리스도의 탄생과 비슷한 이야기를 담고 있는 이교의 종교 저술들을 수집함으로써 좀더 확고한 토대 위에 서 있는 것 같다. 여기 당시의 어떤 종교에서도 없어서는 안 될 신화적인 주제가 있다. 따라서 이런 종교의 창시자들, 특히 이교의 시를 배웠던 바울 같은 사람들이 이런 신화적인 체계를 나열했다는 것이다.

이런 신화에서 자주 반복되는 주제로는 어떤 신이 사람과 사랑에 빠지거나 하룻밤을 같이 보낸다. 신과 관계를 맺은 후 여자는 임신을 하게 되고 마침내 반신 반인의 영웅을 낳는다. 따라서 성경에 기록된 동정녀 탄생은 올림포스 산의 영웅담이나 오비디우스(Ovid)*의 메타모포시스(Metamorphosis)**에서 연유한 것이라는 주장이다.

그러나 여기에는 별로 눈여겨볼 만한 점은 없고 또한 이 주장은 두 가지 전제가 불확실하다. 첫째, 이 주장은 너무 많은 비슷한 신화들을 취하며 또한 복음 저자들과 그리스 시인들의 사료 편찬에 나타난 근본적인 차이점들을 간과하고 있다. 그리스의 종교 시인들에게는 기적이 역사상 실제로 일어났는가 그렇지 않은가는 별로 중요하지 않다. 실제적인 역사 사건은 그리스의 다신교에 아무런 영향을 끼치지 못했다. 그러나 이스라엘인들에게 역사는 결정적이었다.[1] 이스라엘 종교의 기본 명제는 여호와는 역사의 창조자요 주권자라는 사실이었다. 따라서 역사는 여호와가 스스로를 계시하는 영역이다. 이러한 대조를 이해한다면 누가를 오비디우스나

---

*1세기 로마의 시인
**오비디우스가 그리스·로마 신화 등을 기초로 하여 여러 가지 변형이나 변신을 노래한 시

호머와 비교 분석해 그들이 사실을 취급하는 방식이 얼마나 다른지, 그리고 그들이 자신들의 글에 나오는 사람들과 신들에 관련된 사건들과 주제들을 얼마나 다르게 해석하는지 주의해야 한다.

둘째, 이 주장은 근본적으로 논리적인 오류, 곧 post hoc ergo propter hoc(이 이후에 그러므로 이 때문에 : 전후 관계와 인과 관계를 혼동하는 오류)를 범하고 있다. 이교의 설화들이 먼저 기록됐다는 사실이 그것들이 신약 성경 저자들에게 영향을 주었다는 전제에 무게를 더해주는 것은 아니다. 그런 증거를 찾으려면 다른 방식으로 문학적인 관련성을 입증해야 한다. 그러나 어떤 종류의 문학 분석을 통해서도 그런 관련성은 찾을 수 없다.

이교들과의 유사점을 상호 비교하는 원칙을 일관되게 적용하면, 우리는 신학적으로 중대한 문제에 봉착하게 된다. 루돌프 불트만이 지적한 대로, 이교의 신화는 동정녀 탄생에 대한 이야기뿐만 아니라 죽었다가 살아나는 신들의 이야기도 포함하고 있다. 따라서 비록 불카누스(Vulcan)*나 프로메테우스(Prometheus)**와 부활한 나사렛 예수 사이에는 오랜 문학적인 간격이 있다 하더라도 이런 주장에 의하면 부활마저 미심쩍은 소재가 된다. 플라톤은 신을 믿었다. 그러나 그후의 모든 유신론 작가들이 그의 사상을 도용했다거나 플라톤주의자였다는 의미는 아니다. 그런 문제는 끝이 없다. 역사적인 증거들을 지나치게 단순화시키는 이런 선택적인 비교는 아무 쓸모가 없기 때문에 폐기되어야 한다.

에밀 브루너(Emil Brunner) 같은 신학자의 추론을 포함해 그밖의 다른

---

*불과 대장일을 관장하는 로마의 신
**하늘의 불을 훔쳐 인간에게 준 벌로 바위에 묶여 독수리에게 간을 먹혔다는 그리스의 신

주장들은 고등 비평가들 사이에서 그리 광범위한 지지를 이끌어내지 못했다. 동정녀 탄생에 반대하는 이론을 부인하는 방법으로 동정녀 탄생을 확증할 수 없다는 것은 분명하다. 그러나 여기서 이것을 논의한 목적은, 동정녀 탄생의 역사적 사실성을 다룰 때 성경 전체 증거의 신뢰성과 진실성이라는 좀더 광범위한 정황 속에서 이것을 다뤄야 한다는 사실을 보여주기 위해서였다. 이야기의 한 부분만 따로 분리해서 생각하면 그것을 공정하게 판단할 수 없다.

신약 성경의 주된 관심은 한 아기의 출생이 아니라 하나님의 성육신이다. 기독교 신앙은 성육신 사상으로 일어서기도 하고 넘어지기도 한다. 한 아이의 탄생 이야기에서 우리는 오랫동안 기다렸던 이스라엘의 구속자가 드디어 역사상에 등장하는 절정을 경험하게 된다. 성육신으로 플레로마(pleroma, 완성)가 일어난다. 곧 "때가 찼다". 이것은 단순히 어떤 때가 찬 것이 아니라 바로 그 때가 찬 것이다. 이것은 의미 있는 시간의 순간이요 역사적이면서 동시에 역사상에 실재로 나타난 순간이다. 성육신은 BC와 AD로 나뉘는 서양 역사뿐만 아니라 전 세계 역사의 분수령이다. 여기에는 구약 선지자들의 집중 조명을 받았던 지점과 빛이 세상으로 들어오는 순간이 있다. 성육신은 여호와께서 사기 백성들과 함께 '거하신' 곳이다. 말씀이 육신이 되어야 한다는 주장은 그리스인들에게는 말도 안 되는 이야기다. 비록 요한복음은 동정녀 탄생에 대해 전혀 언급하고 있지 않지만 동정녀 탄생으로 무슨 일이 발생했는지는 분명하게 기록하고 있다. 다음은 동정녀 탄생에 대한 성경 자체의 해석이다.

> 태초에 말씀이 계시니라 이 말씀이 하나님과 함께 계셨으니 이 말씀은 곧 하나님이시니라 그가 태초에 하나님과 함께 계셨고 만물이 그로 말미암아 지은 바 되었으니

지은 것이 하나도 그가 없이는 된 것이 없느니라 그 안에 생명이 있었으니 이 생명은 사람들의 빛이라 빛이 어두움에 비취되 어두움이 깨닫지 못하더라 … 참빛 곧 세상에 와서 각 사람에게 비취는 빛이 있었나니 그가 세상에 계셨으며 세상은 그로 말미암아 지은 바 되었으되 세상이 그를 알지 못하였고 자기 땅에 오매 자기 백성이 영접지 아니하였으나 영접하는 자 곧 그 이름을 믿는 자들에게는 하나님의 자녀가 되는 권세를 주셨으니 이는 혈통으로나 육정으로나 사람의 뜻으로 나지 아니하고 오직 하나님께로서 난 자들이니라 말씀이 육신이 되어 우리 가운데 거하시매 우리가 그 영광을 보니 아버지의 독생자의 영광이요 은혜와 진리가 충만하더라(요 1:1-14).

마리아는 어떻게 보아야 하는가

 개신교도들은 마리아를 마치 전염성 바이러스 보균자처럼 다룸으로써 중요한 사실을 놓치고 있다. 우리가 마리아를 별로 대수롭지 않게 보는 이유는 로마 가톨릭 교회가 무염시태(無染始胎)와 성모 승천과 그밖의 마리아 숭배 교리를 지나치게 강조하는 것에 대해 반발 심리가 생겼기 때문이다. 그러나 사도신경의 저자들은 마리아의 이름을 언급하고 있다. 마리아는 단순한 대리모 이상의 존재다. 마리아는 단지 그녀 자신을 위해서가 아니라 비범한 기독교인의 모범으로서 존경을 받아 마땅하다.
 마리아는 하나님의 택하심을 받아 평생 동안 철저하고 완전하게 헌신했다. 하나님의 선택하심은 마리아가 구한 것도 아니었고 또 그럴 만한 자격이 있어서도 아니었으며 오직 은혜로 말미암은 것이었다. 그러나 마리아는 분명히 간절하게 살아계신 하나님을 섬기던 젊은 여인이었다. 마리아는 아내로서, 어머니로서 그리고 하나님께서 요구하신 것은 무엇이든지 두루 자격을 갖춘 여인이었다. 그래서 때가 되어 불가능한 일을 하라는 명을 받았을 때, 그녀는 깜짝 놀라 잠시 주춤했다가 곧 자신을 완전히 드렸다. 이것은 하나님에 대한 사랑이요 가장 고귀한 용기다. 그녀의 영혼, 곧 그녀의 몸과 마음은 참으로 주님을 찬양했다.

성전의 선생들과 신학 논쟁을 벌이기 위해 언제 사라질지 모르는 맏아들을 곁에 두고 또다른 자녀들을 양육해야 하는 어려움을 상상해보라. 이 맏아들은 자신의 아들이면서 동시에 자신의 구원자요 주였다. 예수님의 사역 기간 내내 마리아는 항상 곁에서 대기하면서 그 필요를 채워주며 근심하고 기도한다. 또 아마도 믿지 않는 다른 아들들을 바라보는 모습을 언뜻 볼 수 있다. 마리아는 십자가에까지 따라갈 만큼 충실했지만 결코 세인의 주목을 받지 않았고 항상 순종하는 종의 자세를 취했다. 마리아에게 기도하는 것이나 그녀의 공로에서 초인적인 의를 이끌어내는 것은 우상 숭배다.

그러나 그녀의 영혼을 닮게 해달라고 기도하는 것은 매우 합당한 일이다.

주 예수 그리스도를

믿사오니...

본디오 빌라도에게

고난을 받으사

십자가에 못박혀 죽으시고

장사한 지

사흘 만에 죽은 자 가운데서

다시 살아나시며

I believe...

in Jesus Christ,...

who... suffered

under Pontius Pilate;

was crucified, dead,

and buried;

he descended into hell.

나를 위해 고난 받으시는 종

몇 년 동안 한 친구가 그리스도의 증인으로서 교도소들을 순회하며 예배를 주재하고 성경 공부를 인도하며 제자 훈련을 시켰다. 처음에 그는 교도소에 갇힌 사람들이 오히려 자기 의(selfrighteousness)라는 벽을 허물고 그리스도를 믿기가 훨씬 더 쉽다는 사실에 충격을 받았다. 교도소 전도에는 많은 어려움이 있었지만 대부분의 재소자들은 하나님께서 자신들에게 진노하시는 것이 마땅하다는 건전한 생각을 가지게 되었다.

그러나 최근 1980년대와 1990년대에 이르러 그는 교도소 내에 일단의 변화가 찾아오는 것을 보았다. 교도소에 들어오는 사람들의 범죄 행위를 '심리학적으로 해석'하려는 것이다. 재소자들은 죄를 범해서 형기를 채워야 하지만 사실 '죄인'은 아니다. 이들의 결핍에는 정신적이거나 감정적인 어떤 이유가 있다. 그들은 학습 장애를 겪음으로써 좌절에 빠졌다. 그들의 가정 환경은 지옥이었고 그래서 그들은 참을 수 없는 분노를 느껴야

했다. 그들은 불행한 일을 저질렀지만 정말로 나쁜 사람들은 아니다. 이들이 하나님을 따르기로 결심한다면 하나님께서는 이들을 받아들이는 것을 다행으로 여기실 것이다.

이런 생각들이 재소자들에게 거의 보편화되었다. 놀라운 것은 교회도 이렇게 생각하는 경향이 있다는 사실이다. '성경 믿기(Bible-believing)' 같은 서클조차 보편 속죄를 믿는 경향이 강하다. 그리스도는 분명히 모든 사람을 위해 돌아가셨다. 사실이 이렇다면 우리는 지옥에 대한 성경의 언급을 잘못 이해하고 있는 것이다. 하나님께서는 모든 사람을 천국으로 인도할 방도를 마련하실 것이다. 또는 구원을 받지 못한 사람들은 그냥 멸절하게 될 것이다.

이런 생각은 아무 소용이 없다. 성경은 죄에 대한 변명을 허락하지 않는다. 거미들이 특급 호텔 융단 위를 기어다니는 것보다 죄인이 죄가 없는 천국과 하나님의 온전한 거룩하심에 들어가는 것이 더 어렵다.

우리는 자신의 상태를 바로 알고 하나님께서 가증한 범죄에 진노하는 것이 마땅하시다는 진리를 받아들여야 하나님의 자비하심을 제대로 배우게 될 것이다. 우리는 예루살렘의 더러운 길에서 나사렛 예수를 따라가야 한다. 그러나 무엇보다도 그럴 만한 가치가 없는 자들을 얼마나 후하고 자비롭게 사랑하셨는지 알기 위해 십자가 아래 서야 한다.

> … 본디오 빌라도에게 고난을 받으사
> 십자가에 못박혀 죽으시고 장사한 지 사흘 만에
> 죽은 자 가운데서 다시 살아나시며 …

분명 이런 이유 때문에 사도신경은 예수님의 생애를 고백하면서 탄생에서 곧바로 죽음으로 도약한다. 예수님께서 하나님께 완전히 순종하고 복종하는 생활을 하지 않으셨다면 속죄 사역도 없었을 것이다. 그러나 결론적으로 말하면 이런 생애는 무대의 버팀목 역할을 했다. 전형적인 기독교 무대 중앙에는 예수님의 고난이 있다. 예수님의 수난은 교회의 예배와 설교뿐만 아니라 교회 음악과 시각 예술에서도 중앙을 차지한다. 마리아가 그리스도의 시체를 무릎에 안고 슬퍼하는 예술 작품인 피에타는 '대수난'에서 절정의 순간을 포착하려 했던 것이다. 교회는 그리스도의 죽음이 예수님의 사명의 완성이라는 사실을 이해하고 있었다.

이방인들과 유대인들에게 큰 반향을 불러일으켰던 그리스도의 고난은 메시야의 직무에서 본질적인 부분이었다. 예수님께서는 이 임무를 강력하게 표명하셨다. 예수님께서는 인자가 많은 고난을 '겪어야만' 한다고 말씀하셨다. 예수님께서는 단호하게 예루살렘으로 향하셨다. 예수님께서는 이스라엘의 고난 받는 종의 역할을 당연하게 받아들이고 인간 상태 속으로 완전히 들어오셨다. 예수님께서는 하늘의 아버지께서 그분 앞에 놓으신 '잔을 마시기' 위해 운명을 향해 불굴의 의지로 나아가셨다.

고난을 받으사

성경은 고난을 결코 환영(幻影)으로 여기지 않는다. 이것은 고난의 근본 원인인 죄를 환영으로 여기지 않는 것 이상으로 그렇다. 이스라엘은 압제받는 민족으로 출발했고 계속되는 고통과 슬픔의 역사를 걸어왔다. 그러나 유대인들은 이런 고난을 언약 백성의 운명에서 필수적인 요소라고 생각했다. 성경적인 믿음은 비참한 현실을 당연한 일로 받아들인다. 육체적·정신적 고통은 하류 계급에서 오지 않으며 또한 성경은 몽상적인 이상주의로 도피하지 않는다. 성경에는 정신을 안정시키는 숙명론적인 스토아 철학도 없고 절망의 신학도 없다. 이스라엘의 위로는 고난을 부인하는 데 있지 않고 그것을 극복하는 데 있다.

크리스천의 소망을 지지하는 유일한 기반은 신자들이 슬픔의 사람과 크리스투스 빅토르(Christus Victor), 즉 그리스도의 승리에 참여하는 데 있다. 로마서 8장 37절의 말씀대로 우리는 그리스도의 고난 때문에 '넉넉히 이기는 자'가 된다. 크리스천의 기쁨은 변증법적인 용기로 도약하는 실존주의에 있지 않고 역사적인 현실에 희망을 거는 확신에 있다.

예수님께서는 우리 등을 두드리며 모든 일이 모든 면에서 다 잘될 거라고 위로하는 호호 할아버지처럼 "담대하라"고 말씀하신 것이 아니다. 그리스도는 비합리적인 감상주의에 호소하지 않으신다. 오히려 "담대하라"는 권유 뒤에는 다음과 같은 이유가 따른다.

"내가 세상을 이기었노라"(요 16:33). '이김' 또는 '넉넉히 이김'은 그리스도의 고난으로 이루어진 것이다.

본디오 빌라도에게

일부 사람들은 예수님 주변에 있던 많은 역사적 인물들 가운데 왜 하필 빌라도가 사도신경의 주목을 받았는지 의아해 한다. 이것은 죄인들의 등급을 매기면서 유다나 가야바보다 본디오 빌라도가 더 죄가 많다는 그런 독단적인 평가를 하자는 것이 아니다.[1] 오히려 빌라도는 구속의 언약을 역사적으로 나타내는 데 독특한 기능을 수행했다.

빌라도는 이방 세계의 법적 권위를 대표한다. 예수님께서는 진 밖에서 심문과 재판을 받으셨다. '진 밖'은 언약과 상관없는 야만인들을 위한 장소였다. 황소, 암소와 염소 등의 속죄물들은 진 밖에서 불살랐다(출 29:14, 레 4:12, 21, 8:17, 9:11, 16:27, 민 19:3, 9). 죄인들은 진 밖으로 추방되었고 신성 모독자는 거기서 화형 당했다(레 10:4-5, 24:14, 23, 민 15:35-36). 부정한 자는 부정한 동안 진 밖에서 지냈다(레 13:46, 14:3, 민 5:3-4, 12:14-15, 31:13, 19, 신 23:10). 외부인들은 언약 공동체 안으로 받아들여지기 전에 진 밖에 머물렀다(수 6:23). 히브리서 저자는 이와 관련하여 다음과 같이 명백하게 썼다.

> 이는 죄를 위한 짐승의 피는 대제사장이 가지고 성소에 들어가고 그 육체는 영문 밖에서 불사름이니라 그러므로 예수도 자기 피로써 백성을 거룩케 하려고 성문 밖에서 고난을 받으셨느니라 그런즉 우리는 그 능욕을 지고 영문 밖으로 그에게 나아가자(히 13:11-13).

예수님도 재판을 위해 이방인들 또는 이교도들에게 넘겨졌다(눅 24:7, 롬 4:23). 하나님께서는 구약 시대에 이스라엘 백성들을 이방인들의 손으로부터 또는 이방인들의 손으로 구원하심으로써 언약의 능력과 거룩함을 나타내셨다. 여기서 우리는 세속 역사와 구속 역사의 경륜이 동시에 일어나는 것을 본다. 빌라도는 로마 제국의 권력과 의지를 집행하는 자로서 행했을 뿐만 아니라 하나님의 구속의 경륜을 집행하는 자로서도 행했다. 예수님께서는 다소 수수께끼와 같은 말씀을 하셨다. "위에서 주지 아니하셨더면 나를 해할 권세가 없었으리니"(요 19:11).

십자가에 못박혀

예수님께서 십자가에 못박혀 죽으신 사실은 종종 교회에서 큰 오해를 받아왔다. 십자가의 상징은 기독교계에서 보편적인 것이다. 그러나 그 상징의 의미는 그다지 보편적이지 않다.

십자가 형의 의미를 파악하려면 우리는 먼저 전통적인 해석을 살펴봐야 한다. 즉 유대인들은 로마 제국의 사법권 아래 있었기 때문에 큰 범죄에 대한 형벌권이 없었고 그래서 예수님께서 로마인들에 의해 죽임을 당하셨다는 해석이다. 그러나 유대인들에게 사형을 집행할 권리가 있었다 하더라도, 앞에서 말했던 것처럼 여전히 예수님께서는 진 밖에서 돌아가셔야 했다. 십자가의 의미는 이스라엘의 구속 역사라는 틀 안에서 해명해야 한다.

바울은 신명기 21장 22-23절을 넌지시 암시하며 십자가를 구약의 저주 받은 형벌과 연관시킨다.

> 그리스도께서 우리를 위하여 저주를 받은 바 되사 율법의 저주에서 우리를 속량하셨으니 기록된 바 나무에 달린 자마다 저주 아래 있는 자라 하였음이라 이는 그리스도 예수 안에서 아브라함의 복이 이방인에게 미치게 하고 또 우리로 하여금 믿음으로 말미암아 성령의 약속을 받게 하려 함이니라(갈 3:13-14).

바울은 십자가를 옛 언약에 나타나는 복 – 저주의 주제와 관련시킨다. 저주의 개념은 서양 독자들에게 낯설고 종종 혼란스럽다. 저주라는 말은 자기가 미워하는 사람과 똑같이 생긴 인형을 만들어 그것을 바늘로 쿡쿡 찔러 '저주' 하는 무당들을 떠올리게 한다. 그러므로 언약이라는 배경을 가지고 하나님의 저주를 이해해야 한다. 옛 언약은 당시 일반적으로 왕과

신하가 맺었던 주종 계약의 형식을 따랐다.² 이스라엘의 언약은 이런 근동의 양식을 따랐고 복과 저주의 공식을 내포하고 있었다.³ 복은 언약을 이행한 자들에게, 저주는 언약을 이행하지 않은 자들에게 해당됐다. 신명기 27장은 특수한 범법 행위들에 대해 일곱 번에 걸쳐 저주를 선언하고 이어서 다음과 같은 저주로 끝을 맺는다. "이 율법의 모든 말씀을 실행치 아니하는 자는 저주를 받을 것이라"(26절). 이와 마찬가지로 율법을 순종한 자들에게는 복을 약속한다.

> 네가 네 하나님 여호와의 말씀을 삼가 듣고 내가 오늘날 네게 명하는 그 모든 명령을 지켜 행하면 네 하나님 여호와께서 너를 세계 모든 민족 위에 뛰어나게 하실 것이라 네가 네 하나님 여호와의 말씀을 순종하면 이 모든 복이 네게 임하며 네게 미치리니(신 28:1-2).

저주는 복과 반대되는 개념이다. 복을 받는다는 것은 유대인들에게 가장 큰 기쁨이었다. 복은 일반적인 행복과 비교할 수 없다. 복은 초월적인 영역, 곧 하나님의 임재 안에 있고 거기서 나오는 모든 유익을 누리는 그런 독특한 경지를 포함한다. 이스라엘의 축복의 말을 보면 이것의 의미를 부분적으로나마 알 수 있을 것이다. "여호와는 네게 복을 주시고 너를 지키시기를 원하며 여호와는 그 얼굴로 네게 비취사 은혜 베푸시기를 원하며 여호와는 그 얼굴을 네게로 향하여 드사 평강 주시기를 원하노라"(민 6:24-26). 축복할 때 여기에는 하나님의 보호와 은혜와 평강이 포함된다. 여호와께서 성막과 성전 한가운데 거하신다는 사실은 하나님의 복에 대한 구체적인 보장이었다.

저주를 받는다는 것은 하나님 앞에서 쫓겨나고 진 밖으로 나가며 하나님의 은혜에서 제외된다는 것이다. 구약 시대에 유대인들에게 가장 두려운 일은 더럽혀져서 '부정하다'는 선고를 받고 하나님께서 함께하시는 진에서 쫓겨나는 것이었다. 아담과 하와는 에덴 동산에서 쫓겨났을 때 저주를 경험했다. 구약 시대의 희생 제도 가운데 하나였던 속죄 염소는 제사장의 안수로 이스라엘 민족의 모든 죄를 상징적으로 떠맡은 후에 광야로 쫓겨났다. 하나님에서 '구별됐다'는 사실을 상징하기 위해 이스라엘은 할례라는 언약의 표를 가지고 있었다. 구약 시대의 언약은 문서로 '기록되지' 않고 살로 '베어졌다.' 할례 의식으로 유대인들은 이방인들과 구별되는 표를 몸에 지니게 됨으로써 거룩하고 복되게 구별되었을 뿐만 아니라 또한 의식을 행하면서 "만일 언약의 규정을 지키지 않으면 하나님의 임재와 은혜에서 끊어지리라"고 스스로 선언함으로써 저주의 표도 몸에 지니게 되었다.

  십자가 위에서 예수님께서는 저주를 받으셨다. 그분은 언약을 어겨서 저주 아래 있는 자들을 대신해 친히 모든 저주를 다 받으셨다. 하나님의 어린양, 죄를 짊어진 자로서 예수님께서는 하나님 앞에서 끊어졌다. 십자가 위에서 예수님께서는 우리를 대신해 버림도 받으셨다. 그리고 함께 나타났던 어둠과 지진은 이 신체형의 고봉을 부각시켰고 또한 신인(神人)이신 예수님께서 하나님과 친밀하게 누리셨던 교제가 단절되었음을 뚜렷하게 보여주었다. 하나님께서는 예수님께 등을 돌리셨고 모든 복과 모든 보호와 모든 은혜와 모든 평강을 거두어들이셨다. 예수님께서는 성전에서 돌아가시지 않고, 거룩한 성 밖에서 부정한 이방인들의 손에 죽임을 당하셨다. 예수님께서는 진 밖으로 쫓겨나셔서 하나님의 경감 없는 진노를 받으며 지독한 두려움을 겪으셨다. 성경 어느 곳에서도 하나님께서 자신의 메시야를 버리실 때 쏟으셨던 진노보다 더 심한 진노를 찾을 수 없다. 십자가 위에서 할례의 목적은 모두 완수되었다. 이런 이유로 바울은 유대주의자들이 새 언약의 할례에 종교적인 의미를 부여하려고 했을 때 극구 반대했던 것이다. 크리스천이 종교 의식으로 할례를 행하는 것은 십자가 위에서 할례의 목적이 완수된 사실을 부인하는 것이며, 또한 구약의 율법의 저주 아래로 다시 들어가는 것이다.

사죄와 속죄를 말하는 것으로 그리스도의 죽음의 의미를 다 규명할 수는 없다. 어떤 신학적인 해석도 결코 십자가를 둘러싼 신비를 완전히 벗길 수는 없다. 그러나 이 십자가 사건은 우리가 이에 대해 아무것도 말할 수 없을 만큼 그렇게 불가사의한 것은 아니다. 사랑에 대한 감동적인 설교나 실존주의적 인간의 극적인 고뇌로 십자가를 바라보는 것은 충분하지 않다. 신약 성경은 십자가의 의미에 대해 상당히 많은 것을 다루고 있다. 이런 내용을 무시하는 것은 십자가를 주변의 신학적인 경향에 따라 색을 바꾸는 카멜레온처럼 만드는 것이다.

주관주의와 상대주의를 피하기 위해 우리는 십자가에 대한 신약 성경의 관점을 파악해야 한다. 예수님을 십자가에 못박은 사건은 이스라엘 민족의 역사나 운명과 불가불 연관된다. 신약 성경 기자들은 십자가를 구약 성경의 관점에서 바라보았다. 십자가에 대한 바울의 해석을 영지주의적인 구속 신화를 각색한 것으로 치부해버린 현대 신학자들은 철저하게 유대적이었던 바울의 배경을 인식하지 못한 것이다. 세례 요한이 예수님을 가리켜 "세상 죄를 지고 가는 하나님의 어린양"(요 1:29)이라고 말했을 때 하나님의 어린양이라는 말은 곧 이러한 주제를 입증한다. 예수님의 사명은 처음부터 구약의 희생 제도와 관련되었다(마 26:26-28). 히브리서는 예수님의 제사장직과 구약 시대의 레위인 제도가 얼마나 밀접한 관련이 있는지 아주 충분하게 설명하고 있다. 예수님께서는 온전한 속제 제사를 드리셨을 뿐만 아니라 예수님 자신이 곧 희생 제물이 되셨다. 이 희생 제물이 얼마나 뛰어난가 하는 것은 그 제사가 단번에 끝났다는 사실에서 알 수 있다(4:14-5:10, 6:19-20, 7:22-8:4, 9:11-14). 그러므로 오직 십자가만 구약의 희생 제도를 완성한 것이다. 예수님께서는 자신의 양을 위해 목숨을 버리심으로써(요 10:15-17) 완전한 제물이 되셨다.

하나님과 사람 사이에 화목을 마련한 이 속죄의 원칙은 이사야 53장에 나오는 고난 받는 종과 가장 밀접한 관련이 있다. 신약 교회가 구약 성경에서 십자가의 이론적 근거를 발견했다는 사실은 논쟁의 여지가 없다. 누가의 증언에 따르면 부활하신 예수님께서 친히 구약 성경으로 십자가를 설명하셨다. 부활하신 후에 예수님께서는 엠마오로 가는 길에 나타나 이렇게 꾸짖으셨다.

> 미련하고 선지자들의 말한 모든 것을 마음에 더디 믿는 자들이여 그리스도가 이런 고난을 받고 자기의 영광에 들어가야 할 것이 아니냐 하시고 이에 모세와 및 모든 선지자의 글로 시작하여 모든 성경에 쓴 바 자기에 관한 것을 자세히 설명하시니라 (눅 24:25-27).

오늘날 교회에서 논란이 되는 문제는 우리가 이 말을 진지하게 받아들일 것인가 말 것인가 하는 점이다. 예수님께서는 우주적인 구속을 이루시려고 역사 속으로 들어오신 성육신하신 분이신가, 아니면 이것은 단지 지금 이곳에서 우리에게 주관적으로 제시된 실존주의적 신화일 뿐인가? 이것은 단지 신학자들 사이에서만 벌어지는 말다툼이 아니다. 이것은 생사를 가르는 문제다. 이것은 성전과 아카데미 학원(플라톤이 철학을 강론한 아테네 부근의 동산), 아브라함과 플라톤 사이의 고전적인 논쟁을 상기시킨다. 이 신학자는 종종 다음과 같은 질문을 간과했다. "신약 성경을 통해 역사상의 예수님을 정확히 알지 못한다면, 도대체 왜 우리가 그에게 관심을 기울여야 한단 말인가?" 교회는 사도신경을 통해 십자가에 대한 신약 성경의 이해가 상상의 산물이 아니라고 단언한다. 신약 성경은 실제로 부활하신 예수님께서 역사적 사건에 대해 정확하게 해석하신 내용이다. 성경의 관점이 초대 교회의 거짓말이라면, 사라져가고 있는 예수님의 모습을 신빙성 있게 재구성하기에는 이제 너무 때가 늦었다. 십자가 의미에 대한 성경의 해석이 없다면, 우리는 할 수 없이 이 사건을 각자 주관적으로 접근해 그 의미를 파악해야 한다. 사정이 그렇다면 우리에게 남은 것은 무의미한 십자가와 부적절한 전도나 설교다.

속죄의 결과는 가장 박식한 학자가 평생 부지런히 탐구해도 모자랄 만큼 방대하다. 그러나 기본적인 개념은 어린아이라도 파악할 수 있다. 교회는 복음을 단지 소수의 식자들만 이해할 수 있도록 구성하는 영지주의의 속임에 부지불식간에라도 빠지지 않도록 주의해야 한다. 화목의 은혜는 그리스도를 이해하는 전제 조건으로 현대의 실존주의 철학을 숙달한 자들에게만 제한적으로 주어지지 않는다.

죽으시고 장사한 지

예수님의 '피'라는 주제는 유명한 찬송가에서 두드러진다. 그리고 이것은 많은 오해를 불러일으켰다. 영국의 포크 송 가수 복음 전도자인 존 게스트(John Guest)는 한번은 다음과 같은 문제를 제기했다. "예수님께서 못으로 손가락에 상처를 내기만 했다면 그것으로 충분했을까?" 게스트는 상처라는 것이 피는 나지만 별로 치명적이지 못하다는 점을 지적한 것이다. 성경은 그리스도의 피를 생명과 죽음의 이미지로 생생하게 표현한다. 예수님의 피는 죽음의 고통 속에서 생명을 쏟는 것이었다.

성경에서 죽음은 궁극적으로 죄와 연관된다. 죽음은 율법에서 최후의 저주다. 죽음은 창조 때 첫 사람이 받았던 금지령에서 처음 찾아볼 수 있다. "동산 각종 나무의 실과는 네가 임의로 먹되 선악을 알게 하는 나무의 실과는 먹지 말라 네가 먹는 날에는 정녕 죽으리라"(창 2:16-17). 이 경고에 의하면 범죄하면 생명의 은혜를 상실하게 된다. 한스 큉(Hans Küng)은 죽음의 심판은 '일반적으로' 주어지지 않으며 마땅한 형벌은 즉각적인 죽음이라고 지적했다. "네가 먹는 날에는 정녕 죽으리라." 큉은 이렇게 썼다.

> 신성한 성경은 죽음을 죄와 관련지어 바라본다. 성경은 이런 진리를 대충 얼버무리지 않고 분명하게 제시한다. 그러므로 죄를 지은 죄인은 스스로 즉각적인 죽음을, 곧 구약 성경이 설명하듯이 영혼과 육체의 즉각적인 죽음을 스스로 초래하게 된다. 죄인은 참으로 '죽어 마땅하다.'[4]

창조 때의 언약에서 죄는 사형에 해당하는 범죄다. 하나님께서 형벌을 즉각 시행하지 않으셨다는 사실은 하나님의 은혜를 보여주는 것이다. 구약 시대에 하나님께서는 사형에 해당하는 죄목을 몇 가지 극악한 죄로 한정하심으로써 은혜를 더욱 풍성히 나타내셨다. 당시와 문화적인 차이를 보이는 오늘날의 기준으로 볼 때 구약 시대의 사형에 해당하는 죄목들은 너무 가혹해보인다. 그러나 창조의 언약을 전체적으로 조망해볼 때 구약 시대는 하나님께서 백성들을 가혹하게 다루셨던 역사가 아니라 언약을 어기고 생명을 상실한 백성들에게 하나님께서 지속적으로 자비를 베푸셨던 역사다. 성경의 역사를 보면 어느 시대든지 언약궤를 만졌던 웃사의 경우나 성령님을 속였던 아나니아와 삽비라의 경우처럼 하나님의 백성들에게 신성한 심판권을 똑똑하게 상기시키는 사건들이 있었다.

일단 우리가 죄의 심각성과 그것의 파괴력을 깨닫게 되면 역사 속에서 하나님께서는 얼마나 많은 은혜를 베푸시는지 더 잘 통찰하게 될 것이다. 죄와 하나님의 거룩함을 깨닫지 못한다면, 십자가뿐만 아니라 구약 성경마저 골칫거리로 남을 것이다.

예수님께서는 죽으셨다. 예수님께서는 죽음으로 심판을 받으셨다. 순종하신 분이 불순종의 심판을 받으셨다. 첫째 아담의 심판이 둘째 아담에게 전가되었다. 둘째 아담의 생명은 첫째 아담의 후손들에게 전가되었다. 사망의 쏘는 것이 제거되었다.

베르카워(G. C. Berkouwer)는 크리스천의 죽음은 "더이상 죄의 형벌이 아니며 단지 죄에서 영생으로 옮겨가는 것"[5]이라고 썼다. 세례를 받을 때 크리스천은 그리스도의 죽음과 하나가 되고 거기에 참여한다. 우리가 생명으로 옮긴 것은 예수님께서 피를 흘리셨기 때문이 아니라 그분이 피를 흘려 죽으셨기 때문이다.

예수님께서 장사되셨다는 것은 그것이 교회의 예배와 신앙 생활에 부합한다는 사실 이상의 중요성을 가진다. 예수님의 장사는 실제로 예수님의 사역이 낮아지심에서 높아지심으로 가는 중요한 시점이 된다. 장사의 의미는 그것이 실제로 죽었다는 표면적인 증거가 된다든지, 죽은 자들을 땅에 묻는 기독교의 관습을 신성화한다든지 하는 정도로 한정될 수 없다. 오히려 장사의 진정한 의미는 그것을 둘러싼 조건과 배경에서 찾아야 한다. 누가는 이 사건을 다음과 같이 설명한다.

공회 의원으로 선하고 의로운 요셉이라 하는 사람이 있으니 (저희의 결의와 행사에 가타 하지 아니한 자라) 그는 유대인의 동네 아리마대 사람이요 하나님의 나라를 기다리는 자러니 빌라도에게 가서 예수의 시체를 달라 하여 이를 내려 세마포로 싸고 아직 사람을 장사한 일이 없는 바위에 판 무덤에 넣어두니 이날은 예비일이요 안식일이 거의 되었더라 갈릴리에서 예수와 함께 온 여자들이 뒤를 좇아 그 무덤과 그의 시체를 어떻게 둔 것을 보고 돌아가 향품과 향유를 예비하더라 계명을 좇아 안식일에 쉬더라(눅 23:50-56).

마태는 아리마대 요셉에 대해 덧붙여 부자라고 썼다(마 27:57). 예수님께서 부자의 묘실에 장사되셨다는 것은 사형수의 시체를 처리하던 당시의 관례에 완전히 위배되는 것이었다. 예수님의 몸은 예루살렘 성 밖의 쓰레기더미 위에 무참히 버려지지 않았다. 그분의 몸은 존귀하게 다루어졌다. 유대인들에게 그런 대우는 중요했다. 구약 성경에서 족장들의 죽음과 장사를 다룬 역사를 생각해보라. 아브라함의 무덤은 그가 처음으로 소유한 땅이었다. 요셉의 해골은 애굽으로부터 약속의 땅으로 옮겨졌다. 옛 언약의 중보자였던 모세는 여호와께서 아무도 모르게 장사하셨다. 메시야가 존귀하게 장사되셨다는 사실은 낮아지심의 종결과 높아지심의 시작을 예시하는 것이었다. 이제 버림을 받은 수치는 끝났다. 십자가 위에서 예수님께서는 자신의 영혼을 아버지께 맡기셨다. 그 순간부터 예수님의 몸은 더 이상 낮아지지 않았다.

예수님의 장사에서 결정적으로 중요한 사실은 그것이 이사야가 예언한 고난 받는 종의 운명을 문자 그대로 성취했다는 것이다.

그는 강포를 행치 아니하였고 그 입에 궤사가 없었으나 그 무덤이 악인과 함께 되었으며 그 묘실이 부자와 함께 되었도다(사 53:9).

기이하게도 예수님께서는 먼저 죄인들의 동류로 범죄자처럼 돌아가셔서 악인과 함께 되셨으나 이어서 부자의 묘실을 얻으셨다. 예언의 문맥으로 볼 때 이것은 부정적인 요인이라기보다는 긍정적인 요인이다.

죽은 자 가운데서 다시 살아나시며

예수님께서 지옥으로 내려가셨다(He descended into hell)는 사도신경의 진술은 종종 별표(*)가 붙는다. 이 구절을 생략함으로써 문제를 회피하는 이들도 많다. 각주는 이 문제의 구절을 설명하는 데 유익하다. 로마 가톨릭과 개신교 사이에는 이 구절의 의미를 해석하는 데 의견 충돌이 있다. 로마 가톨릭과 루터교의 신학자들은 그리스도가 지옥에 내려가셨다는 구절을 승리와 자유의 사명으로 바라보려는 경향이 있다. 전통적으로 이런 견해를 뒷받침하는 증거 구절은 베드로전서 3장 18-20절이다.

> 그리스도께서도 한번 죄를 위하여 죽으사 의인으로서 불의한 자를 대신하셨으니 이는 우리를 하나님 앞으로 인도하려 하심이라 육체로는 죽음을 당하시고 영으로는 살리심을 받으셨으니 저가 또한 영으로 옥에 있는 영들에게 전파하시니라 그들은 전에 노아의 날 방주 예비할 동안 하나님이 오래 참고 기다리실 때에 순종치 아니하던 자들이라.

이들은 '옥에 있는 영들'에게 전파하셨다는 구절을 그리스도가 죽으신

시점과 부활하신 시점 사이에 사역을 하셨다는 암시로 받아들인다.

베드로의 본문은 옥에 있는 영들에 대한 정의도 모호하고 전파하셨다는 시점도 불분명하기 때문에 이 이론에는 많은 어려움이 따른다. 또한 신약성경의 다른 본문들이 예수님께서 죽음과 부활 사이에 다른 곳에 계셨다고 강하게 암시하기 때문에 문제는 한층 더 심각해진다. 십자가 위에서 하셨던 두 가지 진술로 미루어볼 때 예수님께서는 그 중간 시기에 하나님 아버지와 천국에 함께 계셨던 것으로 보인다.

먼저 예수님께서는 옆에 있던 강도에게 이렇게 말씀하셨다. "내가 진실로 네게 이르노니 오늘 네가 나와 함께 낙원에 있으리라"(눅 23:43). 이 구절의 원문에서 순서와 구두점을 바꾸면 다음과 같이 읽을 수도 있다. "내가 오늘 진실로 네게 이르노니, 네가 나와 함께 낙원에 있으리라." 그러나 후자의 번역은 불가능하지는 않지만 문법적으로 볼 때 그리 타당하지 않다.

다음으로 예수님께서는 죽는 순간에 이렇게 말씀하셨다. "아버지여 내 영혼을 아버지 손에 부탁하나이다"(눅 23:46). 예수님께서 지옥으로 내려가 전파를 하시면서 동시에 자신의 영혼을 아버지 앞에 두셨다는 주장은 심각한 문제를 야기한다.

신학적으로 문제가 되는 것은 예수님께서 완전한 죄값, 즉 지옥의 형벌을 겪으셨는가 하는 점이다. 벌을 받기 위해 지옥으로 내려가셨다면 이것은 죽은 자들에게 승리를 전하기 위해 그리로 가시는 것과 전혀 다른 목적이었을 것이다.

이것은 또한 천국과 지옥 사이에 건널 수 없는 큰 구렁이 있다는 누가복음 16장 26절의 진술에 의문을 제기한다. '너희와 우리 사이에 큰 구렁이 끼어 있어 여기서 너희에게 건너가고자 하되 할 수 없고 거기서 우리에게 건너올 수도 없게 하였느니라." 모든 증거를 고려해볼 때 예수님께서 문자 그대로 지옥에 내려가셨다는 증언은 별로 신빙성이 없어 보인다.

그러면 왜 그렇게 말한 것일까? 이 진술을 심사 숙고한 존 칼빈과 다른 개혁자들은 이것이 참으로 위대하고 진실한 고백이지만 아마도 원저작자들은 이 구절을 염두에 두지 않았을 것이라고 생각했다. 칼빈과 다른 사람들은 지옥으로 내려가셨다는 진술을 십자가 위에서 하나님 아버지께 버림을 받고 정죄를 받으셨던 예수님의 영혼의 상태를 가리킨 것으로 이해했다. 하나님께 버림을 받고 내쫓긴 것은 지옥의 고통을 수반한다.

크리스천들이 지옥에서 받아야 할 것을 예수님께서 친히 짊어지셨다는 사실은 이사야 53장의 증언만큼이나 신약 성경도 분명하게 밝히고 있다. 예수님께서는 믿고 고백하는 모든 자들에게 구속을 보장하실 수 있을 만큼 충분히 효력 있는 순종과 형벌의 고난을 감내하셨다. 예수님, 이스라엘의 고난 받는 종이 모든 것을 완성하셨다.

믿사오니...
사흘 만에 죽은 자 가운데서
다시 살아나시며

I believe...
the third day he arose again
from the dead.

무덤

20세기가 동정녀 탄생을 질식시켰다면, 현대 신학자들은 그리스도의 부활을 몰아내려고 일을 꾸며댔다. 이것은 우리 세대만 해당하는 이야기는 아니다.

신약 성경의 기록에 의하면 바울은 부활에 반대하는 편견을 가진 이들과 두 번 맞닥뜨렸다. 한번은 아레오바고에서 바울의 설교를 듣던 지식인들이었고 다른 한번은 유대 사두개인들이었다. 그러나 바울이 처음 복음을 전했을 때 헬라인들이 이성적으로 가장 받아들이기 어려웠던 사실은 부활이었다기보다는 오히려 성육신이었다. 헬라인들은 하나님의 낮아지심을 이해할 수 없었다.

그러나 현대인들은 낮아지신 그리스도를 그리 꺼려하는 것 같지 않다. 하지만 부활에 대해 합리주의자들은 고개를 돌린다. 오늘날처럼 부활을 그토록 철저하게 의심하고 비판적으로 분석하던 시대는 없었다. 그런데 이제는 교회 안에서도 이런 일이 벌어지고 있다.

죽고 사는 일이 요구되다

이제 교회 안에서도 수많은 성직자들과 지식인들이 부활을 확고하게 부인한다. 루돌프 불트만의 신학은 상당히 수용할 만한 신학적인 학문 토대를 가지고 있다. 그는 이렇게 말했다.

> 오늘날 우리 모두의 사고가 현대 과학으로 형성되고 있다는 것은 돌이킬 수 없는 사실이다. 신약 성경의 신화를 맹목적으로 받아들이는 것은 독단적일 처사일 것이며 그것을 믿음의 한 요소로 강요하는 것은 믿음을 행위로 전락시키는 일이 될 것이다 … 세상에 대한 인간의 지식과 통제력은 과학과 기술을 통해 그런 정도까지 발전했기 때문에 누구라도 이제 더이상 세상을 바라보는 신약 성경의 관점을 그대로 수용하는 것은 불가능하다. 그리고 사실 그렇게 하는 사람도 없다 … 신약 성경에 나오는 기적들은 이제 별로 놀랍지도 않고 또한 신경 장애나 최면 효과에 의지해 그것들의 역사성을 변호하는 것은 단지 그런 불합리성을 자꾸 강조하는 것밖에 되지 않는다 … 전등과 전화를 사용하고 현대 의학과 의술을 이용하면서 동시에 신약 성경에서 영들과 기적들에 대해 진술한 부분을 믿는 것은 불가능하다. 우리는 이런 일을 그럭저럭 해나갈 수 있다고 생각할지 모른다. 그러나 다른 사람들에게 이렇게 하기를 기대한다면 그것은 현대 사회에서 기독교 신앙을 이해할 수 없고 받아들일 수 없게 만드는 것이다.[1]

장사한 지 사흘 만에 죽은 자 가운데서 다시 살아나시며

불트만에게 우주의 자연법을 이해하는 20세기의 닳고 닳은 인간이 육체의 부활을 받아들인다는 것은 터무니없는 일이다. 불트만과 현대 신학

자들은 부활하신 그리스도에 대해 말하지만 부활은 역사적인 실제 시공간에서 일어나지 않았다. 부활은 일종의 신화다. 예수 그리스도는 죽었고 지금도 죽어 있으며 앞으로도 그럴 것이다. 그러나 우리는 여전히 하나님께서 예수님을 부활시키셨다고 말할 수 있다.

현대 신학은 이런 모순 위에서 자라고 있다. 그러면서도 동시에 이런 모순의 법칙을 신학적으로 반박하는 진술을 한다면 그것은 허튼소리로 여겨질 것이다. 이제는 정반대의 경우가 일어나고 있다. 기독교가 생각하는 불신자들 사이에서 신용의 문제를 안고 있다는 사실은 그리 놀랍지 않다! '탈 기독교 세대'는 교회를 별로 등지지 않았지만 그들이 부활을 믿기에는 너무 닳고 닳았을 뿐이다. 게다가 이들은 비논리적인 허튼소리 말고는 아무것도 믿지 않는 교회에 나가는 것을 어리석게 여겼다.

1960년대와 1970년대에 성인이 된 베이비붐 세대들은 부모들의 자유주의 교회에 참석할 때 비록 마약에 도취되어 있었을지라도 귀를 막고 있지는 않았다. 문제는 그들이 듣고 있었다는 데 있다. 이제 그들의 자녀들이 성인되었고, 이들은 기독교보다 훨씬 더 믿을 수 없는 철학들에 좋은 먹이감이 되고 있다.

이 모든 사실에서 우리는 합리주의가 얼마나 교회를 비합리적으로 몰고가는지 놀라게 된다. 이성은 실존주의 철학과 종교를 밀착시키는 변증법적 사고를 다룬다. 변증법은 양립할 수 없는 정반대의 생각들 사이에 흐르는 일종의 긴장이다. 변증법은 양극단에서 동시에 진리를 찾으려고 시도한다. 목표는 정(thesis)과 반(antithesis)이 합(synthesis)으로 유착하는 것이다. 결코 수용할 수 없는 정통 기독교를 실존주의적인 영적 '믿음'으로 대체하고자 했던 불트만에게 모순 없는 율법이라는 것은 결국 너무나 전근대적인 것이었다.

역사적인 의미에서 나사렛 예수님은 죽었으나 신앙 공동체에서 그는 여전히 살아 있다. 부활절 아침에 무덤 곁에 있던 사람은 헛것을 본 것이다. 그러나 우리는 여전히 하나님께서 우리 안에서 예수님을 죽은 자 가운데서 부활시키셨다고 고백할 수 있다. 위에 인용된 불트만의 각주를 보면 실제 부활을 믿는다고 주장하는 사람들은 행위로 말미암은 의를 따르는 자들이라고 비난하고 있다. 불트만은 실제적인 믿음에는 그런 절대적인 요소가 없다고 믿는다. 믿음은 실존주의자가 부조리로 비약하는 것 외에 우리에게 아무것도 요구할 수 없다.

이런 생각은 부활을 심사 숙고할 때 실제로 꽤 주목할 만하다. 부활은 일어나지 않았다. 그것은 신화일 뿐이다. 그러나 이것은 부활의 중요성을 사소하게 만들지 않는다. 초대 교회가 사람들에게 그런 신화에 복종하도록 선포하고 촉구했던 것은 역사적인 사실이다. 사람들이 그런 넌센스를 전파했다는 것은 역사적인 예수님을 이해하는 것이 얼마나 중요한지 보여 주는 것이다. 그러므로 신화가 예수님이라는 인물 주변에서 나오는 것으로 인해 그 신화는 중요하다. 그리고 사람들은 그런 신화로부터 의미를 찾아야 한다. 나사렛 예수는 호기심을 자아내는 역사적 인물 이상은 아니지만 지금도 여전한 것처럼 보이는 이런 종교적인 자극은 인류에게 의미가 있다. 우리는 착각에 빠진 이런 신자들이 예수님이라는 인간으로부터 무엇을 배우는지, 그리고 오늘날 이 사람으로부터 무엇을 배울 수 있는지 알아야 한다. 우리가 배울 수 있는 것을 우리는 기독교 신앙이라 부를 것이다.

이것을 이해하는 데 필요한 객관적인 사실이 한 가지 있는데 그것은 곧 초대 교회와 그 교회의 케리그마(kerygma) 또는 선포다. 그러나 실존주의 신학이 역사적인 근거라고 인정하는 바로 그곳에서 그 신학은 사실과 부합하지 않는다.

문학 비평과 발견된 성경 사본들을 통해 신약 성경이 1세기의 저작이라는 사실이 확고해졌다.[2] 이것은 틀림없이 불트만과 같은 학자들을 대단히 거북하게 만들 것이다. 왜냐하면 이제는 그들의 이론들은 중요한 경과 시기, 즉 실제 역사가 신화와 전설로 전개되기를 요구하기 때문이다.

성경은 초대 교회가 곧 충분히 발전하고 납득할 수 있는 케리그마, 곧 본질적인 복음 선포를 이미 소유했다고 증거한다. 사도들이 복음을 전하러나갔을 때, 그들은 용어들을 활용했고 문법적으로 분석할 수 있는 의미 있는 문장들을 사용했다. 사도들은 논리적인 체계에 문외한들이 아니었고 매우 합리적으로 말했다. 수없이 많은 사람들이 사도들의 진술을 진리로 확신했다는 것은 의심할 수 없는 사실이다. 그들은 핵분열은 알지 못했지만 세상이 어떻게 돌아가는지는 알고 있었다. 그들이 이웃에게 가서 예수 그리스도가 부활했지만 또한 여전히 죽어 있다고 말하지 않았던 것은 분명하다.

부활을 공식적으로 처음 전파한 것은 바로 오순절이었다. 그때 베드로는 사실을 설명하고 확신했으며 그 확신에 대한 이유를 들었다. 그는 무리에게 이렇게 말했다.

> 너희도 아는 바에 하나님께서 나사렛 예수로 큰 권능과 기사와 표적을 너희 가운데서 베푸사 너희 앞에서 그를 증거하셨느니라 그가 하나님의 정하신 뜻과 미리 아신 대로 내어준 바 되었거늘 너희가 법 없는 자들의 손을 빌어 못박아 죽였으나 하나님께서 사망의 고통을 풀어 살리셨으니 이는 그가 사망에게 매여 있을 수 없었음이라 (행 2:22-24).

동정녀 탄생의 경우처럼 지금 우리가 폐쇄 우주(closed universe)에서 살고 있다면 자연법을 초월하는 것은 무엇이든지 불가능하고 그렇다면 불트만이 옳을 것이다. 부활은 명백히 불가능하다. 그러나 이것이 합리적인 사람들에게 유일한 가능성일까? 불트만은 기적이 불가능하다는 것을 알고 있으리라는 자신의 명제를 입증하지 못한다. 그는 단지 우리에게 자기가 말한 것을 받아들이든지 아니면 합리적인 인류의 부류에서 나가라고 요구할 뿐이다.

개방 우주(open universe)의 가능성을 인정하면, 그리고 불트만이 이것을 반박할 수 없다면 자신 만만한 그의 모든 주장들은 허세처럼 들린다. 개방 우주의 가정을 좇아 베드로는 하나님과 유일 무이한 교제를 나누시며 하나님께로부터 기름부음을 받으셨고 본질적으로 거룩하신 분을 사망이 붙드는 것은 불가능하다고 말했다. 사도들은 예수님께서 사망에 머물 것이라고 가정하는 것이 참으로 비합리적이라고 생각했다. 사도들과 불트만의 차이는 상반된 세계관에서 나온다.³ 개방 우주의 세계관에서 자연법은 단지 하나님께서 통상적으로 우주를 운영하시는 방식일 뿐이다. 그러나 창조주 하나님께서는 항상 통치하신다. 법은 하나님의 것이다. 부활은 기적이라 불릴 수 있다. 개방 우주에서 기적은 불변의 법을 깨지 않는다. 신약 성경의 관점에서 기적은 통상적인 현상들과 달리 비상하다. 20세기에 죽은 사람들이 무덤에 있는 것은 통상적이다. 이것은 1세기에도 마찬가지일 것이다. 그러나 예수님의 부활은 통상적이지 않았다.

"하나님께서 죽은 자 가운데서 예수님을 일으키셨다"는 주장은 신약 성경의 케리그마의 핵심을 이루는 놀라운 진술이다. 부활을 통해 하나님께서는 예수님의 정당성을 입증하셨다.

가장 중요한 메시지

오늘날 진리는 종종 상대주의적으로 결정된다. 이것 때문에 변증법이 가능하다. 어떤 사람의 믿음의 내용이나 대상은 중요하지 않다. 요즘 신조는 "믿는 것이 중요하다"는 것이다. 신약 성경 시대의 크리스천들에게 믿음의 대상은 두드러졌다. 역사 속의 많은 사람들이 유일한 참종교를 제시하라고 요구했다. 반대로 다원론적인 요즘 사회는 종교가 제 역할을 하는 한 사람이 무엇을 믿는가는 중요하지 않다고 말한다. 그러나 역사 속의 오직 한 사람만 궁극적으로 확실하게 믿을 수 있는 표, 곧 죽은 자 가운데서 부활한 표를 지녔다. 그래서 사도 베드로는 구약 성경에 나오는 다윗의 말에 주의를 기울인다.

> 내가 여호와를 항상 내 앞에 모심이여
> 그가 내 우편에 계시므로
> 내가 요동치 아니하리로다
> 이러므로 내 마음이 기쁘고 내 영광도 즐거워하며
> 내 육체도 안전히 거하리니
> 이는 내 영혼을 음부에 버리지 아니하시며
> 주의 거룩한 자로 썩지 않게 하실 것임이니이다
> 주께서 생명의 길로 내게 보이시리니
> 주의 앞에는 기쁨이 충만하고
> 주의 우편에는 영원한 즐거움이 있나이다(시 16:8-11).

구약 성경을 해석하는 사람들, 곧 탈무드 등을 연구하는 랍비 학자들은 시편의 이 구절들을 해석할 때 다윗이 자신에 대해 말한 것이라고 주장한다. 베드로는 다윗이 여기서 부분적으로 자신에 대해 말하고 있을지라도 다윗은 '거룩한 자'가 아니었다고 말한다. 다윗은 죽었고 땅에 묻혔다.

1세기에 여행 안내자가 있었다면 다윗의 무덤을 가리킬 수 있었을 것이다. 다윗의 몸은 이미 티끌이 되었으므로 자신을 가리켜 다윗은 하나님께서 몸을 썩지 않게 하실 것이라고 말하지 않았을 것이다.

> 형제들아 내가 조상 다윗에 대하여 담대히 말할 수 있노니 다윗이 죽어 장사되어 그 묘가 오늘까지 우리 중에 있도다 그는 선지자라 하나님이 이미 맹세하사 그 자손 중에서 한 사람을 그 위에 앉게 하리라 하심을 알고 미리 보는 고로 그리스도의 부활하심을 말하되 저가 음부에 버림이 되지 않고 육신이 썩음을 당하지 아니하시리라 하더니 이 예수를 하나님이 살리신지라 우리가 다 이 일에 증인이로다(행 2:29-32).

그후, 얼마 지나지 않아 베드로와 요한이 앉은뱅이 걸인을 만났을 때, 베드로는 나사렛 예수의 권능으로 그를 고쳐주었다(행 3:6-7). 사람들이 어떻게 이런 일이 일어났는지 알고자 모였을 때, 베드로는 자신의 행위를 예수님의 부활과 연관시켰다. "너희와 모든 이스라엘 백성들은 알라 너희가 십자가에 못박고 하나님이 죽은 자 가운데서 살리신 나사렛 예수 그리스도의 이름으로 이 사람이 건강하게 되어 너희 앞에 섰느니라"(행 4:10).

앉은뱅이의 불구 상태를 고친 것은 베드로의 능력이 아니었다. 그것은 부활하신 그리스도의 능력이었다.

신약 성경에서 예수 그리스도가 부활하셨다는 사실은 초대 교회 설교의 핵심이다. 고린도전서 15장은 성경 전체에서 그리스도의 부활을 훌륭하게 설파하고 있다. 고린도 지역에도 부활의 역사적 사실을 부인하고 싶어 했던 '불트만들'이 있었다. 그들은 예수님께서 실제로 죽은 자 가운데서 돌아오신 것이 아니라고 말했다.

바울은 이 사람들을 꼼짝 못하게 만들었다. "형제들아 내가 너희에게 전한 복음을 너희로 알게 하노니 이는 너희가 받은 것이요 또 그 가운데 선 것이라 너희가 만일 나의 전한 그 말을 굳게 지키고 헛되이 믿지 아니하였으면 이로 말미암아 구원을 얻으리라"(1-2절).

고린도전서 15장에서 바울은 사실들을 철저하게 논리적으로 생각한다. 그리고 부활이 실제 시공간에 일어난 사건이 아니라면 그것이 내포하고 있는 것을 생각해본다. 부활이 불가능하다면 논리적으로 유일한 결론은 불트만의 추론과 같다. 곧 그리스도는 부활하지 않았다.[4] 그러나 바울은 "그리스도가 부활하지 않으셨다면 우리의 설교가 무익하다"고 경고한다. 설교는 예수님의 말씀을 가르치고 해석하기 때문에 중요하다. 설교가 없다면 그리스도를 따르는 공동체도 없을 것이다. 그러나 바울은 설교뿐만 아니라 '너희 믿음도 헛되다'고 말한다.

기독교 신앙에는 대상과 내용이 있다. 기독교 신앙은 참으로 감정적인 반응과 열렬한 심정을 필요로 하지만 또한 역사적인 사실에 대한 지적인 동의도 요구한다. 이런 측면을 고려할 때 그리스도가 부활하지 않았다면 그들의 믿음은 헛되다.

이어서 바울은 이렇게 덧붙인다. "우리가 하나님의 거짓 증인으로 발견되리니 우리가 하나님이 그리스도를 다시 살리셨다고 증거하였음이라." 부활이 실제 사실이 아니라면 그런 설교는 헛될 뿐만 아니라 죄다. 왜냐하면 사람들에게 하나님께서 예수님을 다시 살리셨다고 말하는 것은 거짓말이기 때문이다.

"그리스도께서 다시 사신 것이 없으면 너희의 믿음도 헛되고 너희가 여전히 죄 가운데 있을 것이요 … 만일 그리스도 안에서 우리의 바라는 것이 다만 이생뿐이면 모든 사람 가운데 우리가 더욱 불쌍한 자라"(17-19절). 사도의 다음 충고는 참으로 합당하다. "또 어찌하여 우리가 때마다 위험을 무릅쓰리요 형제들아 내가 그리스도 예수 우리 주 안에서 가진 바 너희에게 대한 나의 자랑을 두고 단언하노니 나는 날마다 죽노라"(30-31절). 내가 평생 그리스도를 위해 살고 고난을 겪고서도 결국 이 모든 일이 부활이 없으므로 무익하게 된다면 차라리 바울이 말한 것처럼, "내일 죽을 터이니 먹고 마시자" 하는 에피쿠로스(Epicureans) 철학에 합류하는 게 나을 것이다. 그리스도가 부활하지 않았다면, 죽음은 인간 실존의 참된 의미일 것이다.

바울이 말한 대로 이것은 '양자 택일'의 문제다. '정·반·합'의 변증법은 버려야 한다. 인생은 의미 있든지 아니면 무의미하든지 둘 중 하나다. 그리고 단지 인생 다음에 따라오는 것에서만 의미를 찾을 수 있다. 인생이 멸절로 끝난다면, 궁극적인 현실은 무덤이 될 것이다.

부활이 없다면, 우리는 인생의 의미를 주장할 수 없다. 바울은 그리스도의 부활이 소망과 의미를 주기 때문에 믿어야 한다고 주장하지 않는다. 단지 그는 부활이 거짓이라면 그것이 결국 무엇을 뜻하게 되는지 설명할 뿐이다.

바울은 부활과 허망함 사이에 중간 지대를 남겨두지 않는다. 그는 부활에 대한 믿음과 허무주의 사이에 있는 모든 입장을 공격한다. 다행스럽게도 우리는 반대 증거에도 불구하고 또는 허망한 삶을 두려워한 나머지 마지못해 믿을 필요는 없다. "내가 받은 것을 먼저 너희에게 전하였노니 이는 성경대로 그리스도께서 우리 죄를 위하여 죽으시고 장사 지낸 바 되었다가 성경대로 사흘 만에 다시 살아나사"(고전 15:3-4).[5] 바울이 유대인이었고 유대인들이 성경을 확고한 진리로 믿었다는 사실을 잊지 말라. 오랜 동안 성경은 확고한 사실이라는 검증을 받았다. 예수님께서는 성경대로 살아나셨다.

성경보다 더 확실하게 그리스도의 부활을 증거할 다른 근거가 없다면 이것으로 충분할 것이다. 선지자들은 부활이 있을 것이라고 말했고 그것은 그대로 되었다.

그러나 바울은 또한 경험적인 증거에도 호소한다.

> 게바에게 보이시고 후에 열두 제자에게와 그후에 오백여 형제에게 일시에 보이셨나니 그중에 지금까지 태반이나 살아 있고 어떤 이는 잠들었으며 그후에 야고보에게 보이셨으며 그후에 모든 사도에게와 맨 나중에 만삭되지 못하여 난 자 같은 내게도 보이셨느니라(고전 15:5-8).

바울은 다른 사람들이 경험한 대로 자신의 눈과 귀로 부활하신 예수님을 보았고 그 말씀을 들었다. 베드로도 베드로후서 1장 16절에서 이와 똑같은 말을 한다. "우리 주 예수 그리스도의 능력과 강림하심을 너희에게 알게 한 것이 공교히 만든 이야기를 좇은 것이 아니요 우리는 그의 크신 위엄을 친히 본 자라."

진리의 안전 지대

죽음은 여전히 두려운 미지의 세계, 불이 꺼졌을 때 침대 밑에 숨어 있는 괴물로 남아 있다. 죽어가는 과정은 종종 용기와 꿋꿋한 의지를 요구한다. 그러나 아이들은 옆방에서 자는 부모가 안심시켜줄 때 지적으로 훨씬 더 안정감을 느낀다. 부모는 아이들의 두려움보다 훨씬 더 강하다. 나는 죽어가는 과정에서 마음의 동요를 느낄지 모른다. 죽음은 죄 많은 인간의 적으로 남아 있다. 그러나 지적으로 나는 죽음이 안전 지대가 된다는 것을 알고 있다. 그리스도 안에서 하나님께서는 죽음과 맞서 승리하셨다. 그리스도는 죽은 자들 가운데서 먼저 나신 자요(골 1:18), 잠자는 자들의 첫 열매시다(고전 15:26, 54-57). 바울은 예수님께서 거기 계시면서 승리를 거두다가 장차는 마침내 어둠의 모든 권세를 정복하실 것이라고 소리를 높인다(고전 15:24-25). 그때까지 그분은 '불가불 왕노릇' 하실 것이다.

그러므로 우리는 "견고하며 흔들리지 말며 항상 주의 일에 더욱 힘쓰는 자들이 되라 이는 너희 수고가 주 안에서 헛되지 않은 줄을"(고전 15:58) 알아야 할 것이다.

수고가 헛되지 않으리라는 사실은 부활하신 예수님께서 시공간 속에 나타나실 것이라는 사실과 밀접한 관련이 있다. 이러한 지식은 신비주의적인 사고나 심리학적인 투사(wish-projection)가 아니다. 우리에게는 믿을 만한 증인들의 확실한 증기가 있다.

믿사오니...
하늘에 오르사
전능하신 하나님
우편에 앉아계시다가

I believe...
he ascended into heaven,
and sits at the right hand
of God
the Father Almighty.

우리를 위해, 그곳에

가장 중요한 사건은 무엇인가? 성육신인가? 십자가에 못박히신 일인가? 부활인가? 이 질문에는 정답이 없다. 왜냐하면 이 사건들은 서로 연관되어 있고 상호 의존적이기 때문이다. 십자가는 성육신이 없다면 무의미하고 부활이 없다면 불완전하다.

그리스도가 지상 사역을 마치고 하늘로 돌아가신 사건은 기독교 사상에서 상대적으로 주목받지 못한 것이 사실이다. 그러나 이것도 하나님의 전체 계획 가운데 일부이며, 따라서 이것 없이는 다른 어떤 사건도 의미를 가질 수 없다. 승천은 신약 역사의 최고 정점일 뿐만 아니라 많은 구약 예언의 초점이다.

사실상 로마 가톨릭은 승천에 합당한 관심을 기울여왔다. 개신교에서는 예수 승천일과 성령 강림절을 기념하는 일은 별로 없다. 이러한 절기들은 성탄절과 부활절에 가려 주목받지 못하고 있다. 오히려 개신교에서는 종교 개혁의 날이 더 기념되고 있다. 이러한 과오는 유감스러운 일 중의 하나다. 개신교는 예수님의 승천과 성령의 강림을 너무 과소 평가하는 경향이 있다.

　승천은 하나님나라의 본질적 요소이기 때문에 중요하다. 구약과 신약 성경에서 이보다 더 중요한 주제는 없다. 하나님나라는 예수님께서 영원한 메시야요 왕으로 등극하실 때 절정을 이룬다. 승천하시지 않으면 예수님께서는 왕이 되실 수 없다. 따라서 승천을, 편지의 대수롭지 않은 추신 정도로 취급해서는 안 된다. 예수님께서 최후의 만찬 때 제자들에게 말씀하셨던 것처럼 승천은 지극히 중요하다.

> 오직 너희에게 이 말을 이른 것은 너희로 그 때를 당하면 내가 너희에게 이 말한 것을 기억나게 하려 함이요 처음부터 이 말을 하지 아니한 것은 내가 너희와 함께 있었음이니라 지금 내가 나를 보내신 이에게로 가는데 너희 중에서 나더러 어디로 가느냐 묻는 자가 없고 도리어 내가 이 말을 하므로 너희 마음에 근심이 가득하였도다 그러하나 내가 너희에게 실상을 말하노니 내가 떠나가는 것이 너희에게 유익이라 내가 떠나가지 아니하면 보혜사가 너희에게로 오시지 아니할 것이요 가면 내가 그를 너희에게로 보내리니 그가 와서 죄에 대하여, 의에 대하여, 심판에 대하여 세상을 책망하시리라 죄에 대하여라 함은 저희가 나를 믿지 아니함이요 의에 대하여라 함은 내가 아버지께로 가니 너희가 다시 나를 보지 못함이요 심판에 대하여라 함은 이 세상 임금이 심판을 받았음이니라(요 16:4-11).

　… 하늘에 오르사 전능하신 하나님 우편에 앉아 계시다가…

　이것은 예수님의 떠나심을 알리는 하나의 암시일 뿐이다. 예수님의 떠나심은 베일에 가려져 있어서 제자들을 당혹스러운 슬픔에 빠뜨렸다. 예수님께서는 이러한 제자들의 심정을 알고 당신이 떠나시는 것이 그들에게 유익하다고 위로하셨다. 예수님께서는 더 좋은 일이 생기려면 자신이 떠나야 한다고 판단하셨다. 어쨌든 예수님께서 육체로 함께 계시는 것보다 떠나시는 것이 "더 유익하다"는 말씀은 언제나 교회가 이해하기 힘든 내용이다. 크리스천들은 산중턱에서 예수님의 발 밑에 앉아 구약의 선지자들이 이상 속에서 어렴풋하게만 볼 수 있었던 것을 구체적인 현실로 목격할 수 있다면 얼마나 영광스러울까 상상하곤 한다. 그러나 제자들이 예수님과 나누었던 사귐보다 현재의 우리 상황이 더 낫다. 예수님께서 지상에 계셨을 때 제자들이 경험했던 특권은 그것이 무엇이든 여전히 승천 이전의 역사 속에서 누렸던 것이고 따라서 덜 영광스러운 것이었다.

제자들마저도 승천이 슬퍼할 일이 아니라는 것을 깨닫게 되었다. 역사적인 진술을 보면 다음과 같다.

> 예수께서 저희를 데리고 베다니 앞까지 나가사 손을 들어 저희에게 축복하시더니 축복하실 때에 저희를 떠나(하늘로 올리우)시니 저희가 (그에게 경배하고) 큰 기쁨으로 예루살렘에 돌아가 늘 성전에 있어 하나님을 찬송하니라(눅 24:50-53).

이 이야기로 누가복음은 끝을 맺고 있다. 누가가 예수님의 떠나심을 기록했음에도 불구하고 예기치 않게 매우 즐거운 대단원이다. 이것을 생각해보면 참으로 놀랍고 의미 심장하다. 승천은 절망의 순간은 아니었을지라도 적어도 그것은 이별의 순간이었다. 우리는 그런 이별은 보통 슬픔을 동반한다는 것을 경험으로 알고 있다. 예수님께서 떠나겠다고 하셨을 때 제자들은 크게 슬퍼했다.

분명히 예수님께서 떠날 것을 예고하신 이래 제자들의 인식에는 변화가 일어나고 있었다. 그 새로운 인식 덕분에 자신들의 주인이요 친구인 그분이 더이상 보이지 않게 되었어도 이들은 크게 기뻐할 수 있었다. 우리는 오늘날의 교회를 위해 제자들의 그 깨달음에서 배워야 한다.

업무를 수행하시는 예수님

신약 성경은 승천이 중추적인 사실임을 분명히 한다. 승천은 단순히 이런 일이 실제로 있었다는 것 이상의 중요성을 가지고 있다. 승천의 의미는 그리스도가 하나님 아버지의 우편에서 '업무를 수행하고 계신' 사실과 오순절에 성령님을 보내신 사실과 관련해 살펴보아야 한다.

성경에서 (하늘에) '오른다' 는 말은 단순히 '위로 올라간다' 는 의미가 아니다. '오른다' 는 말(헬라어로 아나바이노, anabaino)이 신약 성경에서 보통 이런 식으로 사용된 것은 사실이다. 또한 이 말은 백성들이 경배를 드리기 위해 예루살렘으로 '올라갔기' 때문에 제의적인 의미가 있었고 영혼이 하늘로 올라간다는 영적인 의미도 있었다. 그러나 메시야의 사역과 관련해 이 말은 특수하게 사용된다. 이것은 일반적으로 하늘에 오르는 것이 아니라 특수하게 하나님의 보좌에 오르는 것과 관련된다. 예수님께서는 속죄 사역을 완수하셨다. 그리하여 예수님께서는 하늘에 오르사 하나님 아버지 옆에 있는 우주의 권좌에 앉으셨다. 예수님께서는 우주의 왕으로서 하나님나라에서 단 하나뿐인 지위를 행사하면서 높이 군림하고 계신다. 어느 누구도 이와같이 하늘에 '오른' 사람은 없다.[1]

승천은 메시야로서 '업무를 수행하는 중에' 절정을 이루는 사건이다. 하나님 아버지 우편에서 예수님께서는 세상을 다스리는 권세를 받으셨다.

이 지고한 위치에서 예수님께서는 왕의 왕이요 주의 주로 등극하셨다. 하늘과 땅의 모든 권세가 그분의 손 안에 있다. 예수님의 왕국은 이 세상에 속하지 않았으나, 궁극적으로 그분의 통치는 이 세상을 포괄하고 있다.

이것은 그리스도의 통치를 지상의 문제들과 분리시키지 않는다. 반대로 이것은 지상의 권능과 권력 구조를 그리스도와 밀접하게 연관시킨다.

인간 권세의 근거

그리스도가 우주의 왕으로 계시다는 사실은 크리스천들에게 지상의 권세 있는 자들을 각별히 존중하도록 요구한다. 예를 들어 바울은 종들을 향해 주인에게 복종할 것과 시민들을 향해 관원에게 존경을 표할 것을 훈계하고 심지어 현저하게 부패한 이들에게도 그렇게 하라고 권한다(롬 13:1-7, 엡 6:5, 골 3:22, 딛 2:9).

베드로는 이렇게 충고한다. "인간에 세운 모든 제도를 주를 위하여 순복하되 혹은 위에 있는 왕이나 혹은 악행하는 자를 징벌하고 선행하는 자를 포장하기 위하여 그를 보낸 방백에게 하라"(벧전 2:13-14).

지상의 권세들에게 복종하라고 이렇게 자주 훈계한 사실은 많은 크리스천들에게 의아한 일이다. 이것은 종종 제자들 자신의 행동과도 맞지 않는다. 베드로와 요한은 더이상 말씀을 전하지 말라는 산헤드린의 명령에 맞서 이렇게 당당하게 말했다. "하나님 앞에서 너희 말 듣는 것이 하나님 말씀 듣는 것보다 옳은가 판단하라"(행 4:19). 시민 복종의 문제는 종종 사회의 민감한 신경을 건드린다. 부도덕한 목적으로 사용되는 세금은 어떻게 해야 하는가? 낙태를 행하는 병원에 항의하지 못하도록 금지하는 명령이나 이웃들의 편의를 위해 기도와 성경 공부 모임을 금하는 제한 구역 설정에는 어떻게 대응해야 하는가? 동성간의 '결혼'을 합법화하고 기독교 고용주들에게 동성 연애자들의 배우자 공제를 시행하라고 강요하는 법에는 어떻게 해야 하는가? 복음 전파나 주일을 지키는 것이나 홈 스쿨에 대해 불공평한 규제를 가하는 것에는 어떻게 해야 하는가? 기독교와 정부 사이에는 항상 이런 논쟁의 여지가 있다. 틀림없이 이것은 우리 시대에 단순한 학술 토론이 아니다.

신약 성경에서 기본 원칙은 분명하다. 즉 우리는 하나님께서 우리에게 하라고 하신 것을 금지하거나 우리에게 하지 말라고 하신 것을 명령하지 않는 한 세상 권세에 복종해야 한다. 그렇지 않다면 우리는 복종해서는 안 된다. 원칙은 간단하지만 적용은 때로 복잡하다. 신약 성경이 시민 불복종의 여지를 남겨두고 있고 또한 모든 경우에 절대적으로 순종하라고 아주 단순하게 명하는 것은 아닐지라도, 크리스천이라면 시민의 의무를 다하는 모범을 보이는 것이 마땅하다는 강한 암시가 교훈의 기저에 흐르고 있다. 바울이 종들에 대해 주인에게 복종하라고 훈계했다고 해서 노예 제도를 인간의 정당한 제도로 인정한 것은 아니다. 반대로 신약 성경은 이렇게 착취하는 노예 제도를 철폐하는 데 필요한 이론적 근거를 뚜렷하게 제공하고 있다.[2] 그러나 우리가 성경에서 보는 것처럼 하나님께서는 개인들에게 자유를 찾으라고 명령하지 않으셨고, 크리스천들에게 억압이나 노예 제도를 받아들이지 말라고 금하지도 않으셨다. 오히려 우리는 높아지신 그리스도께 영광을 돌리기 위해 그리스도의 낮아지심에 참여하라는 부르심을 받았다.

불행하게도 종종 불신자들에 대한 우월감이나 자기 의의 감정 때문에 세상 권세에 복종하지 않는 경우가 있다. 이것은 무법한 일을 다루는 정당한 사회 기능을 약화시키기 때문에 그리스도를 증거하는 일을 훼손할 수 있다. 크리스천들이 법을 어기겠다고 생각한다면, 그에 반대하는 신약 성경의 수많은 교훈들이 경고를 하게 될 것이다. 그리스도를 배반하는 것이 아니라면 당신이 할 수 있는 한 세상 권세에 복종하라는 것이 사도들의 입장이다. 베드로는 우리에게 그리스도를 위해 이렇게 하라고 요구한다.

그러면 시민으로서 취한 행동이 그리스도의 관계에 어떻게 연관될 수 있는가? 신약 성경은 그리스도의 권세를 정당하게 인정하고 높이는 일에 관심을 기울인다. 세상에는 무법한 부분이 많다. 이 세상 권세들은 그리스도의 권세에 복종하는 것을 거절하는 것으로 두려운 심판을 받을 것이다. 모든 권세의 근원을 간접적으로 추적해보면 그리스도의 직위 안에 궁극적인 권세가 있다. 그리스도의 뜻에 따르지 않는 지상의 통치자는 우주의 불법의 영, 곧 적그리스도의 영에 참여한다. 그런 세상에서 사는 크리스천은 할 수 있는 한 다르게 살도록 부름 받았다. 크리스천들은 평화를 추구하고 불법을 조장해선 안 된다. 크리스천은 복종으로 그리스도의 낮아지심에 참여하고, 견딜 수 있는 고난을 견디며, 권세자들에게 부족하기 쉬운 순종의 영을 증거한다. 복종은 그리스도의 통치가 실재함을 나타내는 증거로 그리스도는 우리가 순종으로 높여야 할 분이시다.

하나님의 우편은 가장 높은 권세의 자리다. 삼위 하나님의 한 위(位)께서 계신 이 자리는 또한 기름부음 받은 왕의 자리다. 이것은 왕의 자리요 동시에 재판장의 자리다. 그리스도는 최고 법정의 재판장으로 임명을 받으셨다. 그러나 역설적이지만 이 재판장은 또한 중보자시다. 그리스도는 판사이면서 동시에 변호사이며 검사이면서 동시에 피고측 변호인이다. 스데반이 순교하는 장면은 이와 같은 그리스도의 이중적인 역할을 증거한 한 예다.

저희가 이 말을 듣고 마음에 찔려 저를 향하여 이를 갈거늘 스데반이 성령이 충만하여 하늘을 우러러 주목하여 하나님의 영광과 및 예수께서 하나님 우편에 서신 것을 보고 말하되 보라 하늘이 열리고 인자가 하나님 우편에 서신 것을 보노라 한대 저희가 큰 소리를 지르며 귀를 막고 일심으로 그에게 달려들어 성 밖에 내치고 돌로 칠새 (행 7:54-58).

스데반이 공회로부터 유죄 판결을 받았을 때 그는 예수님께서 하나님 우편에 서 계시는 이상을 보았다. 우편에 앉는다는 것은 판사의 위치에 있다는 것이다. 법정에 서는 사람은 판사가 아니라 피고측 변호인이다. 이상 중에 스데반은 그리스도의 중보 사역을 일견했다. 산헤드린 공회가 스데반에게 사형을 언도했을 때 승천하신 그리스도는 그를 변호하기 위해 일어나셨다. 따라서 승천으로 말미암아 우리는 높아지신 왕뿐 아니라 궁극적인 중보자도 함께 얻었다.

중보 기도의 근거

성경에서 예수님께서 하늘에 오르신 의미는 단지 신성한 왕으로 등극하신 것에만 한정되지 않는다. 거기에는 또한 예수님께서 대제사장으로서 승천하고 지성소에 들어가신 의미가 있다. 예수님께서는 왕의 지위에 올랐을 뿐만 아니라 큰 대제사장으로서 중보 기도자의 자리에도 오르셨다. 따라서 그리스도는 왕이요 제사장인 직위에 오르셨다. 이 직위는 구약 시대에는 분리되어 있다가 신약 시대에 이르러 그리스도의 인격 안에서 하나가 되었다.

일 년에 단 한 번 지성소에 들어갈 수 있었던 유일한 사람인 이스라엘의 대제사장과 달리, 그리스도는 궁극적인 지성소에 항상 거하면서 중보 기도의 임무를 영구적으로 수행하신다. 그리스도는 왕이면서 또한 멜기세덱의 반차를 좇아 영원한 제사장이 될 것이라는 예언을 성취했다. 시편 기자는 이렇게 썼다.

> 여호와께서 내 주에게 말씀하시기를 내가 네 원수로 네 발등상 되게 하기까지 너는 내 우편에 앉으라 하셨도다 … 여호와는 맹세하고 변치 아니하시리라 이르시기를 너는 멜기세덱의 반차를 좇아 영원한 제사장이라 하셨도다(시 110:1, 4, 참조 창 14:18-20, 히 5장, 9장, 10장).

예수님께서 중보 기도의 임무를 맡으셨다는 사실은 그리스도인들에게 무한한 위로가 된다. 인간적인 면에서 사람들은 특수한 사람들이 자신들을 위해 기도한다면 그 기도가 더 효과적일 것이라고 기대한다. 로마 가톨릭 교회가 일반적으로는 세상을 떠난 성인들의 중보 기도를, 특별하게는 마리아의 중보 기도를 추구했던 역사적인 과정을 살펴보면 그것은 이렇게 효과적인 중보 기도자들을 갖고 싶어하는 열망에서 비롯되었을 것이다.

야고보는 우리에게 이렇게 교훈한다. "의인의 간구는 역사하는 힘이 많으니라"(약 5:16). 우리가 그렇게 의롭지 않다는 것을 알게 되었을 때 이것은 기도에 대한 좋은 소식이며 격려다. 따라서 대개는 우리보다 의롭다고 여겨지면서도 우리를 위해 기도해줄 수 있는 사람들을 찾게 된다. 그리스도의 기도는 효과가 확실하다는 사실에서 크리스천들은 위로를 얻는다. 히브리서 저자는 이렇게 밝혔다.

> 그러므로 우리에게 큰 대제사장이 있으니 승천하신 자 곧 하나님 아들 예수시라 우리가 믿는 도리를 굳게 잡을지어다 우리에게 있는 대제사장은 우리 연약함을 체휼하지 아니하는 자가 아니요 모든 일에 우리와 한결같이 시험을 받은 자로되 죄는 없으시니라 그러므로 우리가 긍휼하심을 받고 때를 따라 돕는 은혜를 얻기 위하여 은혜의 보좌 앞에 담대히 나아갈 것이니라(히 4:14-16).

예수님의 중보 기도 효과는 베드로가 경험한 놀라운 변화에서 그 예를 찾을 수 있을 것이다. 베드로는 주님을 세 번 부인했지만 예수님께서 승천하신 후에 급격한 태도 변화를 보이면서 용감하게 교회를 지도해나갔다. 그러나 예수님께서 베드로에게 하셨던 경고와 약속을 상기해보면 우리의 놀라움은 조금 누그러진다.

> 시몬아, 시몬아, 보라 사단이 밀 까부르듯 하려고 너희를 청구하였으나 그러나 내가 너를 위하여 네 믿음이 떨어지지 않기를 기도하였노니 너는 돌이킨 후에 네 형제를 굳게 하라(눅 22:31-32).

예수님께서는 응답을 확신하면서 베드로를 위해 중보 기도를 올리셨다. 성경 전체를 보면 이런 그리스도의 중보 기도는 첫 제자들의 증거와 사역의 결과로 크리스천들이 된 모든 사람에게 효과적이다. 요한복음 17장을 보면 예수님께서 우리를 위해 무엇을 기도하셨는지 알 수 있다. 우리는 하나님께서 그 기도를 들으셨고 그리하여 심지어 그리스도는 지금도 그 기도 응답을 전하고 계신다는 것을 알 수 있다. 모든 크리스천은 예수님께서 대제사장으로서 하신 기도를 연구해야 하며, 예수님께서 자신과 제자들, 그리고 우리를 위해 기도하신 내용에 대해 최대한의 확신을 가져야 한다.

마음껏 상상력을 발휘해 요한복음 17장을 자기 식으로 바꿔 읽어보라. 그리스도가 바로 당신을 위해 그 기도를 드리셨다고 상상해보라. 그리스도가 하시고자 했던 일이 바로 이것이다.

예수님께서는 자신과 하나님나라를 위해 다음과 같이 기도하셨다.

- 하나님께서 십자가로 예수님을 영화롭게 하여주시되 예수님의 영원한 영광을 충만히 회복해주시기를
- 예수님께서 하나님께서 허락하신 자들에게 영생을 줄 수 있는 충분한 권세를 가지시기를
- 하나님 아버지와 하나님의 아들을 앎으로 말미암아 영생을 얻기를

예수님께서는 제자들을 위해 다음과 같이 기도하셨다.

- 제자들에게 주신 말씀이 열매를 맺기를
- 제자들이 보존되고 예수님과 하나님 아버지가 하나인 것같이 그들도 하나가 되기를
- 제자들이 마치 예수님께서 하나님 아버지와 누린 것과 같은 그런 기쁨을 경험하기를
- 제자들이 하나님의 계시의 말씀의 진리로 거룩하게 되기를

예수님께서는 제자들의 영적 후손들을 위해 다음과 같이 기도하셨다.

- 삼위일체의 은총이 우리에게까지 이르기를
- 우리가 그리스도 안에서 사는 것으로 말미암아 그리스도가 우리 안

에 거하신다는 사실이 명백해지기를
- 우리가 그리스도와 함께 동행하고 당신의 영광을 나누기를
- 마치 그리스도가 우리 안에 거하시는 것처럼 하나님의 사랑이 우리 안에 거하기를

그리스도의 기도는 승천하심으로 큰 효과를 발휘하게 되었다. 이것은 이론적인 확신이 아니다. 이러한 각 간구들과 교회 안에서 각 간구들의 기초가 되는 거룩함의 신학은 모든 신자에게 말할 수 없이 특별한 가치를 가진다.

성령을 받는 근거

교회가 그리스도의 승천을 기뻐할지라도 그 의미를 메시야가 우주의 왕이요 큰 대제사장의 수준으로 높아지신 정도로 한정한다면 그것은 이 사건의 풍성함을 충분히 보여준 것이 아니다. 예수님께서는 보혜사가 오려면 자신이 떠나야 한다고 분명히 밝히셨다. 보혜사는 오순절에 교회로 내려오신 성령님이시다.

오순절은 기독교의 구속 역사에서 결정적인 사건이다. 오순절은 역사의 새 장을 여는 순간이면서 그 이전과 그 이후의 구속 역사와 밀접한 관련이 있다. 오순절에 성령님께서는 새로운 방식으로 하나님의 백성들에게 오셨다. 성령님께서는 오순절 이전에도 계셨고 또 일하셨다. 구약 성경은 성령님께서 개인들에게 어떻게 역사하셨는지 증거한다. 그러나 오순절에 새 시대의 막이 올랐고 그리하여 새 언약의 공동체가 그리스도로 인해 조직

되었으며 선교 사명을 완수할 능력을 받게 되었다.

성령님께서는 창조 이야기에도 나올 정도로 이스라엘 초기 역사에 이미 알려지셨다. 땅이 '혼돈하고 공허하며 흑암이 깊음 위에'(창 1:2) 있을 때 '수면에 운행' 하시던 분이 바로 하나님의 신이셨다. 구약 성경 전체에서 우리는 반복적으로 성령님의 창조 능력에 대해 듣는다.

성령님께서는 구약 시대의 지도자들에게 능력을 주어 제한된 임무를 수행하게 하셨다. 사사들은 힘을 얻었고 왕들은 기름부음을 받았으며 성전의 장인들은 재능을 받았고 선지자들은 담대한 마음을 얻었다. 그러나 성령님의 기름부으심은 특별한 지도자적인 사명을 받은 소수의 개인들에게 한정된 것처럼 보인다.

구약 성경의 두 본문은 신약 성경과 대조해볼 때 특별히 성령님의 사역의 역동성과 관계가 있다.

민수기 11장은 모세의 권위 아래 있던 70인 장로들에게 성령님께서 임하신 사실을 기록하고 있다. 애굽에서 나온 백성들은 옛 언약의 중보자였던 모세에게 자신들의 처지를 불평했다. 이런 불만은 모세를 궁지로 몰아넣었고 그는 그들을 통솔해야 하는 부담으로 신음했다. 그러자 모세의 고통을 보신 하나님께서 그를 도울 70인 장로를 세우라고 명하셨다. 장로들이 모였을 때 우리는 다음과 같은 이야기를 듣는다.

> 여호와께서 구름 가운데 강림하사 모세에게 말씀하시고 그에게 임한 신을 칠십 장로에게도 임하게 하시니 신이 임하신 때에 그들이 예언을 하다가 다시는 아니하였더라(25절).

성령님께서 모세 이외의 사람들에게 임하신 사실에 대해 하나님의 교훈을 제대로 이해하지 못한 일부 사람들은 불만을 토로했다. 그들은 이것을 모세의 권위에 대한 도전으로 이해했다. 특히 여호수아는 모세에게 장로들이 예언하는 것을 금하라고 요청하면서 반대의 목소리를 높였다. 그러자 모세는 여호수아에게 이렇게 말했다. "네가 나를 위하여 시기하느냐 여호와께서 그 신을 그 모든 백성에게 주사 다 선지자 되게 하시기를 원하노라"(29절). 모세의 명백한 소원은, 하나님께서 장로들에게 성령이 임하게 하실 뿐만 아니라 거기에, 하나님의 모든 백성이 포함되고 그리하여 성령님께서 특별한 몇 사람에게 제한되지 않도록 하는 것이다.

모세의 이 기도는 또다른 예언에 그대로 반영되었고, 선지자 요엘은 이렇게 예언했다.

> 그후에 내가 내 신을 만민에게 부어주리니 너희 자녀들이 장래 일을 말할 것이며 너희 늙은이는 꿈을 꾸며 너희 젊은이는 이상을 볼 것이며 그때에 내가 또 내 신으로 남종과 여종에게 부어줄 것이며(욜 2:28-29).

오순절에 모세의 소원과 요엘의 예언이 이루어졌다. 이제 성령님께서 공동체 전체에 임하셨고 남종과 여종에게 내려오셨다. 하나님께서는 그리스도의 몸 전체에 대사명을 이룰 수 있는 능력을 부여하셨다. 오순절에 사명을 수행할 능력이 부여됐다. 예수님께 사역을 수행할 능력을 부여하셨던 바로 그 성령님께서 백성들에게 임하셨다. 이것은 승천 이전에는 불가능한 일이었다. 승천하심으로써 예수님께서는 성령님의 능력으로 교회를 세울 권세를 얻으셨다.

예수님께서 승천하기 전 마지막으로 하셨던 말씀은 교회의 사명과 성령님의 능력과 관련되어 있다. "오직 성령이 너희에게 임하시면 너희가 권능을 받고 예루살렘과 온 유대와 사마리아와 땅끝까지 이르러 내 증인이 되리라 하시니라"(행 1:8).

하나님의 우편 보좌는 더이상 비어 있지 않다. 하나님나라 왕의 대관식은 더이상 장래의 막연한 희망 사항이 아니다. 승천은 이미 일어났고 왕의 통치는 현재의 일이다.

믿사오니...

하늘에 오르사...

저리로서

산 자와 죽은 자를

심판하러 오시리라

I believe...

he ascended into heaven...

from whence

he shall come to judge

the living and the dead.

미래 신학

천 년 전인 999년, 새 천년을 앞두고 수천 명의 사람들이 종말이 다가왔다는 두려움에 빠져 자살을 감행했다. 1999년 12월 31일에 자정을 알리는 타종이 시작되었을 때, 미처 프로그래머들의 손이 미치지 못한 전세계의 많은 컴퓨터들은 인식 오류 상태에 빠졌다. 그리고 그것이 전부는 아니었다!

천년 왕국 신봉자들과 뉴에이지 추종자들은 적그리스도가 도래하고 그리스도가 재림하며 캘리포니아가 태평양으로 빠진다는 최종 기한이 비슷하다. 날짜를 못박는 예언자들은 항상 있었다. 예수님께서는 이런 자들이 있을 것이라고 미리 말씀하셨다. 그러나 2000년이 다가오면서 이런 자들이 우후 죽순처럼 등장하고 있다. 그런 가운데 종말과 관련된 충격적인 사건이 발생했다. '천국의 문' 신도들은 집단 자살로 믿음을 증거해야 했다. 그들은 때를 정확히 맞춰 죽으면 1997년 초에 헤일 밥 혜성(Hale-Bopp Comet)을 뒤따라오는 외계 우주선에 탑승할 수 있을 거라고 생각했다.

주님은 이렇게 시간을 제멋대로 바꾸는 우리의 행태에 대해 특별히 관심을 기울이실 필요를 느끼지 못하신다. 누구도 헤일 밥 혜성으로부터 엽서를 받지 못할 것이다. 그러나 잘못된 방식으로 치사량의 마약을 투여하고 자줏빛 천을 덮은 채 죽음을 기다렸던 사람들은 크리스천들을 부끄럽게 만든다. 우리는 기대하는 심정으로 기다려야 한다고 들어왔다. 적어도 그들은 그렇게 했다!

나머지 이야기

우리는 하나님께서 어떤 날을 특별히 계획하실지에 대해 한 가지 사실을 알고 있다. 곧 역사적으로 절정의 날은 이르지도 않고 늦지도 않을 것이다. 갈라디아서 4장 4절에 따르면 예수님께서는 '때가 찼을 때' 오셨다. 하나님께서는 '때가 찼을 때' 하늘과 땅에 있는 것을 다 한 항목 아래로 통일시키실 것이다(엡 1:10).

··· 저리로서 산 자와 죽은 자를 심판하러 오시리라 ···

날짜를 못박는 사람들과 같은 취급을 받고 싶지 않으면서도, 성경을 믿는 크리스천들은 마치 에베소서 1장 10절은 자신들의 성경에는 없는 것처럼 살고 있다. 물론 성육신이 중심적인 것은 사실이다. 그러나 모든 시대는 예수님의 재림의 빛 안에서 규정되어야 한다. 하나님의 모든 뜻이 이루어졌다고 쉽게 생각해서 결정적으로 중요한 많은 일들이 발생했다. 그러나 신약 성경은 어떤 기정 사실을 기록하지 않는다. 사도 시대의 분위기는 하나님께서 시작하신 일을 곧 완성하실 것이라는 기대로 가득했다. 사도들은 마치 시간이 얼마 남지 않은 것처럼 일했고 가르쳤고 생활했다. 1900년이란 시간이 흐른 지금 분명 시간이 더 단축됐기 때문에 우리는 그때보다 더 힘을 쏟아야 한다. 그러나 기독교의 장래 소망을 진지하게 탐구하는 일에 우리는 매우 게으르다. 그것은 우리가 무시할 만한 영역은 아니다. 사도신경이 그리스도의 재림을 확언하고 있지만 그뿐 아니라 모든 개신교와 로마 가톨릭 교회의 신앙 고백도 이것을 하나의 신조로 하고 있다. 우리는 기다리라는 명령을 받았다.

구속 역사에는 또다른 장이 남아 있다. 곧 그리스도 사역의 미래다. 그리스도는 승천했고 떠나셨다. 그러나 그리스도는 다시 오겠다는 명백한 약속을 주셨다. 신약 성경의 마지막 간구는 "아멘 주 예수여 오시옵소서"(계 22:20)다.

소위 '종말론'이라 불리는 '마지막 일들'에 관심을 기울이기 시작하면, 우리는 어두운 신학의 바다로 들어가야 한다. 이것은 한편으로 과거를 해석하고 재구성하고 분석하는 일이며 다른 한편으로는 미래에 대한 신학을 훈련하는 일이다. 또한 가장 성경적인 정보는 계시 문학이라는 모호한 문학 장르로 온다. 이런 문학은 상상력이 풍부하면서도 수수께끼 같은 상징으로 가득하다. 다니엘과 에스겔은 구약 성경의 계시서이며, 요한계시록은 신약 성경의 계시서다. 이런 계시서들은 알기 쉬운 해석을 방해하면서도 깊은 영적 사고를 자극한다. 어떤 주석가들은 계시서들을 완전히 해독했다고 굉장히 자신한다. 그러나 나는 그들 대부분이 정도에서 멀리 떠나 있다고 확신한다. 그러면 이제 신중한 태도로 하나님나라의 미래에 대해 살펴보자.

실현된 종말론

종말에 대한 접근 방식 가운데 하나는 그것이 이미 실현됐다고 생각하는 것이다. 실현된 종말론은 더이상 이루어질 것이 아무것도 없다고 본다. 이것은 자유주의 신학의 산물이며 회의론적인 비판 해석의 결과다. 현대 신학은 영감에서 나온 성경의 예언이나 초자연적인 개입을 인정할 수 없기 때문에, 미래를 예언하는 본문들은 폐기되어야 마땅하다. 역사적인 예수님을 오래 연구한 끝에 하나님나라가 예수님의 인격 안에서 충만히 그리고 최종적으로 도래했다는 명제가 성립됐다. 예수님의 재림은 오순절에 성령님께서 오신 것에서 찾을 수 있다. 또다른 접근 방식은 AD 70년에 로마인들이 예루살렘을 파멸시킨 것을 '세상의 끝'으로 해석하는 것이다. 현재나 미래의 어떤 '재림'도 순전히 영적인 의미일 뿐이다. 분명 이 사건은 유대인 세상의 끝으로서 매우 큰 의미를 지녔지만 그것이 구속의 역사로 최후의 끝은 아니었다.

칼 바르트, 에밀 브루너, 파울 알타우스(Paul Althaus) 같은 20세기의 변증법적 신학자들에 의해 이런 주제의 변주곡들이 널리 퍼져나갔다. 비록 구속 역사에 대한 오스카 쿨만(Oscar Cullmann)의 방대한 작업 때문에 이 세 사람이 이러한 명제를 어느 정도 포기했다 하더라도 그들의 영향력은 적지 않다.[1]

종말의 '징조들'

예수님께서는 감람산에서 이 문제를 집중적으로 가르치셨다. 세 공관 복음서 곧 마태복음, 마가복음, 누가복음은 예수님께서 하나님나라가 임하고 장차 인자가 오실 일에 대해 가르치신 내용을 기록하고 있다. 예수님께서는 미래를 예언하는 참된 선지자의 역할을 수행하신다. 예수님께서는 AD 70년에 유대인의 성전이 파괴되고 유대인들이 예루살렘에서 추방될 것을 아주 정확하게 예언하셨다.

예수님께서는 또한 미래에 그분이 오시는 것과 세상의 끝에 관련된 '징조들'을 말씀하셨다. 예수님 재림의 전조들에 대해 추측이 무성했다. 예수님께서는 제자들의 질문에 답하며 이런 징조들을 가르쳐주셨다. "우리에게 이르소서 어느 때에 이런 일이 있겠사오며 또 주의 임하심과 세상 끝에는 무슨 징조가 있사오리이까"(마 24:3).

질문은 두 가지다. 그 일이 언제 일어날 것인가? 우리는 그것이 임박한 것을 어떻게 알 수 있는가? 예수님께서는 "너희가 사람의 미혹을 받지 않도록 주의하라"(4절)는 엄숙한 경고와 함께 재림에 앞서 나타날 '징조들'을 열거하셨다.

그리고 예수님께서는 "이러므로 너희도 예비하고 있으라 생각지 않은 때에 인자가 오리라"(44절)는 명령으로 결론을 내리셨다. 따라서 감람산의 예언은 깨어 있으라는 경고와 명령을 수반한다. 그리고 그것은 AD 70년에 예루살렘의 멸망을 둘러싼 사건들에 초점을 맞추고 있다.

그 징조들에는 전쟁, 기근, 지진, 거짓 선지자, 배교, 천재지변, 폭력과 노아 때와 같은 부도덕이 포함되어 있다. 이와 같은 징조들은 1세기에 발생했던 실제 사건들과 비극적인 환난을 시사한다.

감람산에서 예수님께서는 유대인들에 대해 이렇게 말씀하셨다.

> 이는 땅에 큰 환난과 이 백성에게 진노가 있겠음이로다 저희가 칼날에 죽임을 당하

며 모든 이방에 사로잡혀가겠고 예루살렘은 이방인의 때가 차기까지 이방인들에게 밟히리라(눅 21:23-24).

이 구절은 보통 로마 장군 티투스에 의해 예루살렘이 멸망하고 유대인들이 쫓겨난 사건을 가리키는 것으로 풀이된다. 당시 성전은 완전히 파괴되었고 수천명의 유대인들이 로마인들에게 살해되었거나 포로로 끌려갔다. 로마인들이 바르 코크바(Bar Cochba)의 반란을 진압한 후 AD 135년에 도시는 하드리아누스(Hadrian) 아래 완전히 초토화되었다. 당시 로마 제국은 단 한 명의 유대인이라도 예루살렘에 발을 들여놓으면 중죄로 다스리겠다는 법을 제정했다.

AD 70년부터 1948년까지 유대인들은 국외에서 망명 상태에 있었다. 전세계에 흩어져 살면서도 유대인들은 결코 민족의 정체성을 잃지 않았다. 이 자체가 인류학적으로 볼 때 놀라운 일이다. 예루살렘은 1967년까지 이방인들의 손에 있었다. 1967년에 아랍과 이스라엘간의 전쟁은 누가복음 21장 24절의 후반부, 곧 "예루살렘은 이방인의 때가 차기까지 이방인들에게 밟히리라"는 구절 때문에 종말론에 대한 관심을 다시 부추겼다. 예수님께서는 예루살렘의 포로 기간을 정해놓으신 것 같았다.

1967년에 성경 학자들은 "이제 예루살렘 성이 유대인들의 손에 넘어왔으므로 이 전쟁은 감람산의 예언을 일부 성취한 것이 아닐까?"라는 질문을 던졌다. 이 질문에 대한 최종 대답은 단지 시간이 지나야만 알 수 있을 것이다. 현재의 이스라엘 국가가 성경에 기록된 이스라엘을 진정으로 계승한 것인지에 대한 논쟁은 여전히 계속되고 있다.

적그리스도의 출현

적그리스도에 대한 언급 없이는 어떤 종말론의 논의도 완전할 수 없다. 바울은 데살로니가 교인들에게 그리스도의 재림을 너무 서두르지 말라고 경고한다.

> 누가 아무렇게 하여도 너희가 미혹하지 말라 먼저 배도하는 일이 있고 저 불법의 사람 곧 멸망의 아들이 나타나기 전에는 이르지 아니하리니 저는 대적하는 자라 범사에 일컫는 하나님이나 숭배함을 받는 자 위에 뛰어나 자존하여 하나님 성전에 앉아 자기를 보여 하나님이라 하느니라 내가 너희와 함께 있을 때에 이 일을 너희에게 말한 것을 기억하지 못하느냐 저로 하여금 저의 때에 나타나게 하려 하여 막는 것을 지금도 너희가 아나니 불법의 비밀이 이미 활동하였으나 지금 막는 자가 있어 그 중에서 옮길 때까지 하리라 그때에 불법한 자가 나타나리니 주 예수께서 그 입의 기운으로 저를 죽이시고 강림하여 나타나심으로 폐하시리라 악한 자의 임함은 사단의 역사를 따라 모든 능력과 표적과 거짓 기적과(살후 2:3-9).

어떤 사람들은 '불법의 사람'을 요한계시록 13장에 나오는 '짐승' 곧 그리스도의 재림에 앞서 나타날 적그리스도와 동일시한다. 적그리스도의 본질과 기능과 정체는 그 자체가 신학적으로 주요한 문제다. "많은 적그리스도가 일어났으니"(요일 2:18)라는 요한의 진술은 문제를 한층 더 어렵게 만든다. 적그리스도는 어떤 개인을 가리키는 것일까, 아니면 특히 사악한 어떤 기구의 절정기를 가리키는 것일까? 적그리스도는 네로나 나폴레옹이나 무솔리니나 히틀러나 그밖의 허다한 악명 높은 인물들과 동일시되었다. 개신교도들은 종교적이면서도 정치적인 교황직의 성격 때문에 교황제에 혐의를 두는 것을 좋아했다. 루터는 로마 교황에게 그런 명예(?)를 돌리는 데 주저하지 않았다. 웨스터민스터 신앙 고백서의 초안은 교황직과 적그리스도를 동등하게 취급했다.

적그리스도가 누구든지 또는 무엇이든지 간에 그 역할이 그리스도와 그분의 나라와 대조를 이루는 것은 분명하다. 바울의 '불법의 사람'이라는 표현은 궁극적으로 적그리스도는 한 명의 인간 존재임을 암시한다.

종말론에 대해서는 항상 논쟁을 불러일으키는 많은 문제들이 남아 있다. 예수님께서는 천년 왕국(그리스도의 천년 동안의 지상 통치) 이전에 오실 것인가, 아니면 이후에 오실 것인가? 천년 왕국은 과연 존재할 것인가? 요한계시록에 나오는 새 하늘과 새 땅이 의미하는 것은 무엇인가? 마지막 심판은 무엇을 가리키며 언제 있을 것인가? 그리스도의 승천과 재림 사이에 죽은 자들의 위상은 무엇인가?

이 글의 목적은 이런 질문들에 답하기 위한 것이라기보다는 우리가 구속 역사의 예언 부분을 좀더 진지하게 받아들이도록 제안하려는 것이다. 우리는 시간이 지속되는 동안 그리스도를 전하는 데 부지런하고 깨어 있어야 한다. 이 시대의 절박성 때문에 모든 크리스천은 그리스도께 충성해야 하는 지고한 소명에서 벗어날 수 없다.

성령을 믿사오며

I believe
in the Holy Ghost.

안으로, 앞으로, 위로

앤드류 머레이(Andrew Murray)는 모든 크리스천이 신령한 복을 이중으로 누리고 있다고 말한다. 그리스도는 새로 창조된 신자 안에 자신을 위해 뛰어난 성전을 지으신다. 그리고 훨씬 더 뛰어나고 거룩하신 하나님의 성령님께서 거기에 거하신다. 에스겔 36장 26-27절은 이렇게 약속한다. "또 새 영을 너희 속에 두고 새 마음을 너희에게 주되 너희 육신에서 굳은 마음을 제하고 부드러운 마음을 줄 것이며 또 내 신을 너희 속에 두어 너희로 내 율례를 행하게 하리니 너희가 내 규례를 지켜 행할지라." 앤드류 머레이는 에스겔서의 말씀에 큰 감명을 받아 이렇게 기도했다. "저로 하여금 '너희 속에' 라는 하나님의 말씀을 듣고 그 겸손하심 앞에서 두려워 떨며 엎드리게 하시고 제 영이 참으로 성령님께서 거하시기에 합당하게 되기만을 바라게 하옵소서."[1]

앤드류 머레이가 찾은 신성한 임재의 고요한 위엄은 성령님을 '거룩한 웃음(holy laughter)' 으로 증명하려 했던 토론토 운동(Toronto movement)과는 매우 동떨어져 보인다. 은사 운동과 오순절 운동 분파에서, 특히 예배드리는 자들이 고함을 치고 방언을 하거나 성령님 안에서 포복 절도하다가 갑자기 의기 소침해지는 그런 곳에서 앤드류 머레이의 성령님께서는 이상하게 조용하고 무능력하게 여겨진다. 하나님께서 전혀 거하시지 않는 것처럼 보인다.

성령님께서 우리를 부르신 것은 알 수 없는 방언을 하도록 하려는 것이 아니라 무릎을 꿇고 기도하도록 하려는 것이라고 느끼는 사람들은, 마틴 루터가 동료 개혁자들에 대해 생각했던 것처럼 어떤 사람들은 성령님에 대해 일부분의 진리만 받아들인 것이 아닌가 하고 생각한다. 정통 크리스천들이든지 오순절 운동자들이든지 은사 운동 반대자들이든지 간에 모든 크리스천은 성령님에 대한 몇 가지 사실에 동의해야 한다. 중요한 한 가지는 성령님이 성부와 성자와 똑같이 하나님이시라는 사실이다. 사도신경은 기독교 신앙의 삼위일체적 성격을 반복한다.

성령을 믿사오며

성령을 삼위일체의 한 위(位)로 인정하는 일은 종종 간과되고 있다. 주요 신학원이나 대학 도서관에서 성부 하나님의 본성과 사역을 다룬 신학 서적들은 수천 권에 이른다. 아마 그리스도론을 다룬 책들은 수만 권에 이를 것이다. 그러나 성령론을 다룬 책들, 성령의 인격과 사역을 연구한 책들은 매우 제한되어 있다. 그리고 삼위일체 신앙을 주로 연구한 책들은 매우 적다. 성령 하나님을 진지하게 다룬 자료는 비참할 정도로 극소수다. 아마 그 한 가지 이유는 구속에서 성령님의 역할이 종속적이기 때문이다. 성경은 성령님을 성부와 성자로부터 "보내심을 받았다"고 설명한다. 또다른 문제는 성령님을 구체적으로 정의하기 어렵다는 데 있다. 성령님은 임의로 부신다(요 3:8). 사람들은 성령님의 사역에서 어떤 활동의 유형들을 알 수 있지만, 불가해한 특질 때문에 성령님의 인격성은 개념화하기 어렵다. 아브라함 카이퍼(Abraham Kuyper)는 이렇게 썼다.

> 그러나 성령님은 전혀 다르다. 그분에 대해서는 어떤 것도 가시적인 형태로 나타나지 않는다. 그분은 결코 불가해한 공간 밖으로 나오지 않으신다. 이러저리 운행하시며 정의를 내릴 수 없고 이해할 수 없다. 그분은 여전히 신비롭다. 그분은 바람 같으시다! 우리는 바람 소리를 듣지만 그것이 어디로 와서 어디로 가는지 말할 수 없다 … 사실 상징적인 표시들과 현상들은 있다. 가령 비둘기, 불의 혀, 강한 바람 같은 소리, 예수님의 입에서 나오는 숨, 안수, 방언을 말하는 것 등등. 그러나 이 모든 것 가운데 어떤 것도 남아 있지 않다. 심지어는 발자국의 흔적조차 남아 있지 않다.[2]

따라서 성령님을 연구할 때 우리는 다소 불확실한 터 위에서 시작해야 한다. 그러나 시도해볼 가치는 충분하다. 우리가 크리스천으로서 효력을 나타내고 교회로서 힘을 발휘하는 일은 하나님의 영과 교통하는 일과 불가불 연관된다.

구약에서의 성령

하나님의 '영'을 가리키는 구약 성경의 용어는 루아흐(ruach)다. 그에 상응하는 헬라어 프뉴마(pneuma)와 마찬가지로 루아흐는 '바람' '기운' '영' 등을 포함해 많은 뉘앙스를 가진다. 창조 때 루아흐 또는 하나님의

'기운'은 세상의 생명의 원동력이셨다(창 1:2). 하나님의 기운은 사람과 동물의 세계에 생명을 전하셨다. 구약 성경에서 하나님의 영은 우주에서 근본적인 생명의 원동력으로 일하신다. 성령이 없으면 생명도 없다.[3]

생명이 하나님의 영으로부터 흘러나온 사실에 덧붙여, 하나님께서 이스라엘을 언약의 길로 인도하실 때 성령님께서는 개인과 국가에 능력을 부여하셨다. 구약 성경에 나타난 성령님의 효력은 종종 비범하고 강력해서 두려운 능력을 보여주었다. 구약 성경을 보면 하나님의 영의 영향력 아래 있는 사람은 두려워하거나 떨거나 황홀경에 빠지거나 기절하거나 의기양양해졌다. 하나님의 영은 편안한 것이 아니라 압도적이다. 신약 성경은 성령님을 하나님의 능력과 영광을 나타내는 말로 묘사하고 있다(눅 1:35, 롬 15:13, 19, 고전 12:4-7, 벧전 3:18, 참조. 슥 4:6).

성령님의 강력한 영향력을 논하면서 조나단 에드워즈(Jonathan Edwards)는 성령님께서는 "때로 영과 육을 압도할 만큼 무한히 순결하고 밝은 불꽃처럼" 하나님의 위엄과 위대하심을 느끼게 한다고 썼다. 더욱이 성령님께서는 우리로 하여금 "때로 육신의 모든 힘을 사라지게 할 만큼 만물을 꿰뚫어보는 듯한 하나님의 시선을 느끼게 하며 마음에 강한 인상을 남기는 무한히 두려운 하나님의 진노를 바라보게 하고 또한 이러한 진노에 노출된 죄인들의 말로 표현할 수 없는 고통을 느끼게 한다."[4]

성령님께서는 지도자들에게 특별한 임무를 부여하셨고 자주 이스라엘의 카리스마적인 지도자들을 통해 일하셨다. 선지자나 사사나 장인과 같은 사람들은 특별한 능력과 재능과 은사를 받았다. 성령님께서 사역에 필요한 은사를 부여하는 일은 오순절에 교회에 기름부으실 때 절정을 이룬다.

중생케 하고 거룩케 하시는 성령님

성령님의 능력은 재창조하는 구속 사역에서 가장 두드러지게 나타난다. 성령님께서는 새 생명을 주는 변화의 능력을 가지고 영적으로 죽은 자들의 삶으로 들어가신다. 이것은 중생의 사역이다. 중생은 두번째로 '출산한다' '낳는다' '발생한다' 는 뜻을 가진 헬라어에서 유래한다.

요한복음 3장에서 예수님께서는 하나님을 열심히 추구하는 니고데모라는 인물과 대화를 나누다가 이 말의 의미를 가장 적절하게 설명하셨다. 유대인의 종교 지도자였음에도 불구하고 니고데모는 "사람이 거듭나지 아니하면 하나님나라를 볼 수 없느니라"(3절)고 하신 예수님의 말씀을 깨달을 준비가 되어 있지 않았다. 예수님께서는 이 유대인의 종교 권위자에게 서로 동일하게 깨닫는 사실, 곧 하나님나라에 들어갈 필요성을 언급하셨다. 또한 예수님께서는 니고데모에게 "어떻게 하면 하나님나라에 들어갈 수 있는가?"라는 질문에 대해 당신의 교훈이 전통적인 대답과 어디서부터 길을 달리하는지 보여주셨다. 의식을 지키는 것으로는 되지 않고 사람은 완전히 새로워져야 한다. 새롭게 되지 않으면 누구도 하나님나라를 '볼 수' 없다.

니고데모는 대번에 의문을 제기했다. "누가 이런 일을 할 수 있습니까?" 거듭나야 한다는 예수님의 말씀은 마치 사람이 두 번 모태에 들어가야 하는 것처럼 그렇게 파격적으로 들렸다. 예수님께서는 이것에 대해 부연 설명하셨다. "진실로 진실로 네게 이르노니 사람이 물과 성령으로 나지 아니하면 하나님나라에 들어갈 수 없느니라 육으로 난 것은 육이요 성령으로 난 것은 영이니"(5-6절). 예수님께서는 하나님나라로 들어가는 중생을 위해 필요한 조건이 무엇인지 설명하셨다.

중생은 본질적인 경험이다. 사람은 물과 성령으로 태어나야 한다. 물이라는 말은 다양한 해석이 가능하다. 아마 예수님께서는 처음 모태로부터 육신이 태어나는 것을 의미하셨을 것이다. 그러나 예수님의 주안점은 두 번째 출생, 곧 아기가 양수가 아닌 성령에 잠기는 그런 출생에 있었다. 예수님께서는 육으로 난 것은 육이요 성령으로 난 것은 영이라는 말씀을 덧붙이심으로써 뜻을 더욱 분명히 하셨다. 예수님께서는 놀라는 니고데모를 꾸짖으셨다. "너는 이스라엘의 선생으로서 이러한 일을 알지 못하느냐"(10절). 이러한 꾸짖음에서 예수님께서 명백하게 제시하신 개념이 구속 역사에서는 전혀 새로운 것이 아니라는 것을 분명하게 알 수 있다. 이러한 전제는 회심에 대한 성경의 개념에서 기초적인 것이다. 누구도 육체적으로 태어난 사실만으로 하나님나라에 들어가지 못한다. 오히려 하나님나라에 들어가는 것은 성령님께 달려 있다. 이것은 기독교 가정에서 태어나거나 세례를 받거나 성경 공부에 참여하거나 교회에 나가는 것으로 얻을 수 없다. 이것은 오직 하나님께서 주도적으로 이루셔야만 가능한 일이다.

여기서 중생은 죽은 자들로부터의 부활과 흡사하다. 사실 그 개념은 성경에서 호환 관계에 있다. 바울은 에베소서에서 그렇게 썼다.

> 너희의 허물과 죄로 죽었던 너희를 살리셨도다 그때에 너희가 그 가운데서 행하여 이 세상 풍속을 좇고 공중의 권세 잡은 자를 따랐으니 곧 지금 불순종의 아들들 가운데서 역사하는 영이라 전에는 우리도 다 그 가운데서 우리 육체의 욕심을 따라 지내며 육체와 마음의 원하는 것을 하여 다른 이들과 같이 본질상 진노의 자녀이었더니 긍휼에 풍성하신 하나님이 우리를 사랑하신 그 큰 사랑을 인하여 허물로 죽은 우리를 그리스도와 함께 살리셨고 (너희가 은혜로 구원을 얻은 것이라) 또 함께 일으키사 그리스도 예수 안에서 함께 하늘에 앉히시니(2:1-6).

이것을 보면 사람은 자연적인 출생에서 근본으로 변한다.

신약 성경은 '새' 사람과 '옛' 사람을 뚜렷하게 대조시킨다. 애초에 자연법을 좇아 태어난 옛 사람의 영적 상태는 송장과 같다. 옛 사람은 죄로 '죽었고' 죄에 매여 있으며 하나님의 정죄 아래 있는 진노의 자녀다. 중생은 인간 존재의 바로 그 핵심을 변화시킨다. 인간은 새로운 성품이나 새로운 시각을 얻을 뿐만 아니라 인간성 그 자체가 질적으로 새로워진다.

중생한 사람도 여전히 죄를 짓지만 더이상 죄의 노예는 아니다. 사람 안에 거하면서 친밀한 교통을 나누시는 성령님께서 그에게 자유를 주신다.

새 사람은 하나님 일에 민감하게 된다. 전에는 비위에 거슬렸던 일들이 이제는 큰 기쁨을 느끼게 한다. 새로운 가치관, 새로운 인생관과 새로운 자기 인식이 생긴다. 새 생명은 성령님의 창조 능력으로 조성된다. 이 변화는 매우 극적인 것으로 예수님께서는 출생이라는 은유로 설명하셨다. 중생은 예수님을 '부활시키신' 바로 그 성령님의 효력이다. 부활의 능력은 사람의 생명에 영향을 끼치고 그리하여 영적인 죽음의 무덤을 활짝 연다. 중생하는 또는 '살리는' 능력은 우리의 힘이나 자기 수양이나 의지에 달린 것이 아니다.

자기 창조(self-creation)나 자기 재창조(self-recreation)는 능력 밖의 일이다.

창조나 재창조는 "빛이 있으라" 또는 "나사로야, 나오라"고 말씀하시는 하나님의 '부르심' 으로 이루어진다. 하나님께서 소생시켜주시지 않으면 어느 누구도 중생을 바랄 수조차 없다. 중생은 오직 성령님의 능력으로만 이루어진다.

그리스도 안에서의 회심

'그리스도 안에서'라는 말은 신약 성경에서 매우 자주 등장하고 있다. 신약 성경이 믿음을 권할 때 우리는 그리스도 안에서 믿으라는 말을 들으며 또 믿은 후에는 그리스도 안에 있으라는 말을 듣는다. 그러나 헬라어에서 서로 다른 뜻으로 사용되는 두 단어가 영어에서는 '안에(in)'라는 말로 똑같이 번역될 수 있다.

신약 성경이 그리스도를 믿으라(believe in Christ)든지 그의 이름으로(in his name) 세례를 받으라고 말할 때(마 28:19, 행 8:16) '에이스(eis)'라는 말은 무엇인가의 '안으로(into)' 움직인다는 의미다.

신약 성경에서 '그리스도 안에'(in Christ, 롬 8:1) 있으라는 구절에서 '엔(en)'을 사용했을 때 그 말은 무엇인가의 '내부에(inside)' 있으라는 의미다. 신자와 그리스도 사이에는 동질성이나 연합성이 있다. 비록 십자가 위에서 그리스도와 우리 사이에 일종의 선언적인 연합이 이루어졌을지라도, 이런 관계는 선언적인 성격 이상의 긴밀함을 내포하고 있다.

우리와 그리스도의 연합 관계는 성령님께서 우리 안에 내재하시기 때문에 실제적이고 생생하며 가능하다. 중생은 우리의 본성을 변화시킬 뿐만 아니라 우리와 그리스도의 관계를 근본적으로 변화시킨다. 회심하기 전에 우리는 그리스도 '밖에' 있었다. 믿음은 우리를 그리스도 '안으로(into)' 그리고 '내부로(inside)' 인도한다.

회심으로 우리는 실제로 그리스도의 사역에 참여할 수 있을 뿐만 아니라 그분의 인격에도 참여할 수 있게 되었다. 성령님께서 우리에게 오셨을 뿐만 아니라 우리 안에 거하시기 때문에 우리는 그리스도 안에 있고 그리스도는 우리 안에 있다.

중생의 양자 택일

부분적으로 중생한 사람은 존재하지 않는다. 중생은 점진적인 과정이 아니라 하나님의 자의적이고 창조적인 행위다. 소생에 앞선 준비 과정과 그후의 성장 과정은 있다 하더라도 행위 그 자체는 자의적이다. 사람은 그리스도 안에서 '살아 있거나' 아니면 죽어 있다. 심령은 하나님의 일에 죽어 있거나 아니면 살아 있다. 크리스천의 장성의 정도는 있을지 모르지만 죽음과 생명 사이에는 분명한 경계선이 있다.

그 선이 아무리 분명할지라도 누가 그 선을 넘었는지가 우리에게 항상 뚜렷한 것은 아니다. 우선 (중생을 언급할 때만 협소하게 사용되는) 회심과 회심의 체험 사이에는 차이가 있다. 크리스천이 된 날과 때를 기억하는 많은 사람들은 그것을 꼭 집어서 말할 수 없는 사람들을 의심스럽게 바라본다. 그러나 믿을 만한 기독교 가정과 교회에서 태어나 자란 사람들에게 후자의 경우는 흔하다. 중생하는 것과 중생을 인식하는 것은 동일한 일이 아니다. 중생은 하나님의 객관적인 행위다. 중생을 인식하는 것은 중생한 자의 주관적인 반응이다. 분명 중생은 결정적인 사건이지만, 성경 어느 곳에도 사람에게 즉각 성령님을 인식하라고 요구하는 데는 없다. 자신의 경험을 기독교 공동체 전체의 표준으로 삼으려는 사람들은 큰 해악을 초래한다. 신령한 관점에서 중요한 것은 사람이 회심한 때가 아니라 사람이 회심했다는 사실이다.

둘째, 두 사람의 체험이 똑같지 않은 것처럼, 크리스천의 삶을 시작할 때 영적인 이해 수준도 똑같지 않다. 불신자들의 삶에도 하나님의 일반 은총이 있다. 어떤 불신자들은 웬만한 그리스도의 제자들보다 '선할' 수 있다. 두 명의 불신자가 나란히 살고 있다. 한 사람은 하나님께 관심이 없지만 일부 악한 행습에 대해 개인적으로 해롭기 때문에 그것들을 피해야 한다고 배웠다. 모든 외면적인 면에서 이 사람은 훌륭하고 반듯하며 미덕의 화신이다.

다른 한 사람은 온갖 악에 탐닉하고 그것들에 사로잡혀 있다. 그는 끊임없이 부정한 성관계를 추구한다. 그는 알콜 중독자요 마약 중독자이며 틈만 나면 거짓말을 하고 도둑질도 한다. 게다가 그는 줄담배를 피운다. 그런데 이 두번째 남자가 갑자기 극적으로 그리스도께 회심한다. 성령님께서 즉시 분명하게 영향력을 행사하신 덕분에 그는 부정한 성관계와 마약과 거짓말과 도둑질과 알콜 중독에서 자유로워졌다. 그의 인생은 근본적으로 변화되었고 그러한 변화는 그를 아는 모든 사람에게 명백했다. 그러나 그는 여전히 담배 문제로 갈등을 겪는다. 어느날 엉터리 율법주의자가 그에게 와서 이렇게 말한다. "아직도 담배를 피우는 것을 보니 크리스천이 아닌 게 분명하군요." 이 엉터리 율법주의자의 눈에는 불신 가운데 여전히 빠져 있는 첫번째 사람이 오히려 두번째 사람보다 그리스도께 더 어울린다.

이것은 비극이다. 이것은 두 명의 크리스천이 같은 수준에서 크리스천의 삶을 시작하지 못하기 때문만이 아니라 두 사람이 같은 수준으로 성화의 길을 걸어가지 못하기 때문이기도 하다. 중생은 자동적으로 순결함을 부여하지 않는다. 중생은 새로운 삶과 방향을 제공한다. 그러나 거듭남은 성화의 시작일 뿐이다. 크리스천들은 자신이 처한 특수한 성화의 단계를 다른 모든 사람의 신앙을 판단하는 기준으로 삼지 않도록 주의해야 한다.

그리스도 안에 있는 새 생명

중생은 새 생명을 가져온다. 예수님께서는 세상에 오신 목적을 이렇게 말씀하셨다. "내가 온 것은 양으로 생명을 얻게 하고 더 풍성히 얻게 하려는 것이라"(요 10:10). 신약 성경을 보면 헬라어와 영어 사이에 또다시 약간의 차이가 보인다. 우리에게 위의 진술은 다소 이해하기 어려운 구석이 있다. 예수님께서 생명을 주려고 오셨다면, 왜 자신의 사명을 무덤에 찾아가 죽은 자들을 일으키는 것으로 제한하지 않으셨을까? 분명히 예수님께서는 생물학적인 생명력 이상의 무언가를 염두에 두셨을 것이다.

그러나 헬라어 성경(신약 성경)의 두 단어는 생명(life)이라는 영어로 번역될 수 있다. 생물학(biology)이라는 단어의 어원이 되는 'bios'라는 말은 일반적으로 숨쉬거나 자거나 음식을 소화하는 등 일상적인 생명 작용을 가리킨다. 동물학(zoology)이라는 영어 단어의 어원이 되는 'zoa'라는 말은 예수님께서 사용하신 대로 생명의 질을 가리킨다.

예수님께서는 질적으로 변화된 새로운 차원의 존재를 말씀하신다. 이런 생명의 근원은 그리스도 안에 있으며, 그리스도는 이러한 새로운 질의 존재를 우리에게 주는 것으로 자신의 사명을 이해하셨다. 이러한 생명은 성령님의 능력을 통해 그리스도께 받는다. 성령님이 없으면 사람은 그리스도가 주는 이런 새로운 차원의 생명을 얻지 못한다.

성화

성령님의 사역은 중생으로 끝나지 않는다. 성령님은 한 사람을 소생시킨 후 그가 크리스천으로 살면서 자신의 능력으로 배우고 도덕적으로 새로워지라고 내버려두지 않으신다. 중생은 시작일 뿐이다. 목표는 그리스도의 형상으로 변하는 것이다. 크리스천은 순종과 의의 면에서 장성하라는 부르심을 받았다. 이러한 장성의 과정은 또한 성령님의 능력으로 이루어진다. 성화의 참된 의미, 곧 거룩함으로 자라는 능력은 성령으로 시작되고 유지되고 완성된다. 성령님은 신자의 삶에 들어오셔서 우리로 하여금 거룩하게 되도록 도우신다.

사람이 믿음으로 그리스도와 연합하면 이로 말미암아 그는 하나님께 의롭다 하심을 받는다. 이것이 칭의다. 그리스도의 공로는 신자에게 전가되거나 전유된다. 우리는 자신의 의가 아니라 그리스도의 의를 토대로 하나님과 관계를 맺기 시작한다. 그러나 칭의가 크리스천의 삶의 목적은 아니다. 성화의 과정을 통해 우리는 단지 의롭다고 여기심을 받을 뿐만 아니라 실제로 점차 의롭게 된다. 이런 과정은 이생에서 완수되지는 않을 것이다. 그러나 그 일은 분명 중생의 순간에 이땅에서 즉시 필연적으로 시작된다.

성령님께서 누군가의 삶으로 들어오신 후 신학적으로 말해서 어떤 의미에서 그 크리스천은 일종의 정신 분열 상태에 들어간다. 두 종류의 의지는 매우 심각하게 대립한다. 성경은 이러한 갈등을 두 당파 간의 전쟁으로 묘사하고 있다. 옛 사람의 특징인 자연스럽게 죄로 끌리는 경향과 새 사람의 특징인 하나님을 기쁘시게 하려는 열망 사이에 심각한 갈등이 생긴다.

어떤 의미에서 사람이 크리스천이 될 때만큼 인생이 그렇게 복잡하게 엉키는 때는 없을 것이다. 그리스도를 증거하는 사람들은 그저 좋은 의미로 이렇게 극적인 선포를 한다. "예수님께 오십시오. 그러면 당신의 모든 문제가 해결될 것입니다." 그러나 이 말은 호소력은 있지만 터무니없는 말이다. 누군가 크리스천이 되면, 그는 말할 수 없는 기쁨과 평안을 알게 됨과 동시에 엄청난 갈등에 내몰리는 고통도 알게 된다. 인생은 새롭게 다시 심각한 국면에 처하게 된다. 갑자기 상금도 더 올라간다. 완성의 목표가 크리스천 앞에 있다. 우리는 보장된 승리를 위해 고군 분투하지만 작전은 실패와 좌절로 점철된다. 사도 바울처럼 하고 싶지 않은 바로 그 일을 하게 된다. 순종을 추구하는 것은 많은 대가를 치르지만 그럴 만한 가치가 있는 일이다. 이것 때문에 크리스천은 결코 하나님의 영구한 은혜와 사죄를 죄의 면허장으로 볼 수 없다.

거룩한 삶을 추구할 때 두 가지의 극단적인 태도, 즉 정적주의(靜寂主義)*와 적극 행동주의는 종종 성화의 장애물이 된다. 극단적인 정적주의는 성화의 일을 전적으로 성령님의 사역으로만 바라본다. 사람의 노력이나 수고 없이 조용하게 성령님이 변화시켜주시기만을 기다린다. 이것은 성화의 일에 성령님과 협력해야 할 크리스천의 책임에 대한 심각한 이해 부족을 드러낸 것이다. 이것은 또한 거룩함을 위해 부지런히 스스로를 훈련하라는 그리스도와 사도들의 가르침을 무시한 처사다.

적극 행동주의는 정적주의와 정반대다. 이런 증후군은 자신을 성화하는 일에 극도로 열중해 항상 행위를 통해 완벽한 삶을 추구하려고 노력하며 성령님을 전혀 의지하지 않는다. 이런 특성의 성화 방식은 결국 실패한다.

크리스천은 성령님께서 주시는 모든 것을 찾고 또 성화의 목표를 향해 모든 것을 드리면서 활동적으로 고요하거나 고요하게 활동적이어야 한다. 이 생의 어떤 결정적인 체험도 갈등을 채울 수 없다. 사람이 방언을 만번 말할 수는 있어도 그는 여전히 죄의 영향력에서 자유로울 수 없다. 사람이 천상의 소리를 듣고 황홀한 이상을 보고 예배 중에 가슴 벅찬 체험을 천 번쯤 할 수는 있지만 거룩함을 추구하는 일은 계속되어야 한다. 어떤 방책이나 제도도 매일 훈련하는 일에서 기도와 성경 연구와 예배와 교제와 봉사를 제외시킬 수 없다.

우리 가운데 거룩함을 속속들이 알거나 하나님과 성령님께서 나누시는

---

*17세기 후반 스페인에서 일어났던 일종의 종교 신비주의

교제의 신성한 깊이를 충분히 감지할 수 있는 사람은 아무도 없다.

"기록된 바 하나님이 자기를 사랑하는 자들을 위하여 예비하신 모든 것은 눈으로 보지 못하고 귀로도 듣지 못하고 사람의 마음으로도 생각지 못하였다 함과 같으니라 오직 하나님이 성령으로 이것을 우리에게 보이셨으니 성령은 모든 것 곧 하나님의 깊은 것이라도 통달하시느니라"(고전 2:9-10).

거룩한 공회와,

성도가 서로 교통하는 것과,

...

믿사옵나이다

I believe in...

the holy catholic church;

the communion of saints.

강력한 군대인가, 오합지졸인가?

대개 초신자들로 이루어진 활발한 토론 모임이 있었다. 주제는 제도적인 교회의 예배와 성례와 기도와 교제와 조직에 대한 것이었다. 대부분의 사람들이 동의한 대로 요즘 교회는 순수하지 못하고 무가치하게 시간을 낭비하고 있는 것이 어느 정도 사실이다.

한 젊은이의 말대로 교회는 나름대로 입장이 있지만 우리에게는 하나님의 말씀이 있다. 하나님 말씀의 의미를 우리에게 말하는 설교자와 옛 고백서들은 필요없다. 그런 일은 성령님께서 하신다. 교회는 위선자들로 가득하며 아마도 그들 가운데 대다수는 구원받지 못했을 것이다.

아무도 제리가 의자에서 슬그머니 일어나는 것을 눈치채지 못했다. 아무튼 그는 다소 의기 소침해 있었고 주목받지도 못했다. 그런데 갑자기 어두운 옆 방에서 목소리가 들려왔다. "주님, 주님과 저만 있어도 정말 기쁩니다. 하지만 주님, 주님이나 저나 아무 문제가 없지만, 그래도 여전히 외롭습니다."

11장은 성령님의 성화의 사역에 대한 이야기다. 그런데 여기에는 그 이상의 내용이 있다. 왜냐하면 성령님께서는 우리가 다른 사람들과 함께 일할 때 가장 효과적으로 우리 안에서 성화의 일을 하시기 때문이다. 주님은 제리가 어두운 방에서 주님 곁에 혼자 앉아 있기를 원치 않으셨다.

주님은 제리가 고요한 통찰력과 담백한 사랑을 교회에 쏟기를 바라셨다. 하나님께서는, 성령님께서 내주하는 둘 이상의 사람들이 모일 때마다 기적을 일으키신다. 그들은 실제로 남이 아닌 가족이다. 그들은 서로 연결되어 있고 또 하나님과 연결되어 있는 통일체다. 하나님과 함께 있는 것은 위대하다. 그러나 하나님하고만 함께 있는 것은 우리의 영적 복지를 위협한다.

⋯ 거룩한 공회와, 성도가 서로 교통하는 것과 ⋯

스코틀랜드의 신령한 신자인 제임스 배너먼(James Bannerman)은, 복음의 본질은 기독교가 고립된 종교로 머무는 것이 아니라 공동체를 만드는 데 있다고 말했다. 성령님께서는 타락으로 생긴 단절의 벽을 허물고 죄인들을 하나님과 화목시키신다. 전에 멀리 있던 죄인이 가깝게 된다. "이와 같은 은혜의 역사로 다른 사람들과 하나 됨을 가로막는 장애물들이 제거된다. 한 믿음 안에서 한 주님과 사귐을 나누면서 그는 동료 신자들과 새롭고 강력한 애정과 연합의 줄을 발견한다."

심지어 교회가 성경대로 다스려지지 않을지라도 구원의 힘이 그것을 필연적으로 만들 것이라고 배너먼은 덧붙였다.[1]

더욱 강한 유대

　오늘날 특히 호주, 북남미와 영국과 서유럽에서 조직화된 신앙과 제도적인 교회에 대한 큰 각성이 일고 있다. 그 한 가지 이유는 제도적인 교회들이 기초부터, 즉 하나님의 계시와 오직 성령 안에서 하나 되는 일(엡 4:3-6)부터 흔들리고 있기 때문이다.
　설교를 상대화하고 목회를 정치화한 이후 많은 교회들이 힘 없는 어린 아이처럼 "사람의 궤술과 간사한 유혹에 빠져 모든 교훈의 풍조에 밀려 요동"(엡 4:14)하고 있다. 그들이 하나님의 권속이 되고 그리스도의 신부가 된다면 바울이 에베소 교인들에게 경고했던 그런 일들은 일어나지 않을 것이다.
　대신, "오직 사랑 안에서 참된 것을 하여 범사에 그에게까지 자랄지라 그는 머리니 곧 그리스도라 그에게서 온 몸이 각 마디를 통하여 도움을 입음으로 연락하고 상합하여 각 지체의 분량대로 역사하여 그 몸을 자라게 하며 사랑 안에서 스스로 세우느니라"(4:15-16).
　보이는 교회(visible church)가 가장 심오한 의미로 사회적이고 영적인 제도라는 사실을 이해하면서 교회 문제들을 논의해야 한다. 교회의 조직들은 바울이 제시한 에베소서 4장의 목표들을 지향한다면 교회를 성장시킬 것이다. 신앙 고백에는 이상이 요약되어 있다. 즉 교회는 거룩하고 보편적이다. 여기에 내포되어 있는 긍정적인 의미는 교회가 연약함과 분열에도 불구하고 여전히 거룩하고 보편적인 영적 실체라는 것이다. 또한 여기에 내포되어 있는 부정적인 의미는 만일 조직이 충성스러운 제자 훈련과 신실한 교훈, 신령한 예배에서 멀리 떠난다면 그것은 이미 교회가 아니라는 것이다.

지역적이든지 보편적이든지 참된 보이는 교회는, 그리스도의 몸의 일부로서 사람이 되신 영원한 하나님의 아들이며, 죄로 인하여 우리가 하나님께 진 빚을 갚아주기 위해 역사의 시공간에서 돌아가신 바로 그 예수 그리스도를 믿는 믿음으로 다른 교회와 연합되었다. 교회는, 죽은 자들 가운데서 부활하셔서 지금 영광 중에 통치하고 계신 그리스도의 주권에 충성하는 종들의 가족이다. 교회는 한 하나님께 경배하는 자들의 사귐이며 하나님께서는 성경으로 우리와 교통하신다. 참된 교회는 이것 이상이지만 적어도 이 정도는 되어야 한다.

지옥의 첫번째 목표

진실한 '교회들' 조차 거룩함과 보편성을 나타내는 데 어려움을 겪는다. 보이는 교회는 교파별로 분산되어 있고 신학적으로 분열되어 있다. 교회가 세상에서 가장 타락한 조직이라는 주장도 있다. 물론 그것은 과장이다. 그러나 어느 정도 진실이 내포되어 있다 하더라도 놀랄 필요는 없다. 교회는 세상에서 가장 중요한 조직이다.

교회는 세상에서 온갖 악마적이고 적대적인 공격의 목표물이다. 예수님께서는 지옥이 결코 교회를 이기지 못할 것이라고 친히 보장하셨다. 그러나 예수님께서는, 지옥이 교회를 대적하지 않을 것이라고 약속하신 것은 아니다.

신학적으로 자유주의에 속한 사람들은 교회가 성가시고 시대에 뒤떨어진 전통들에 얽매여 당면한 사회 문제들에 적절하게 대처하지 못한다고 비통해 한다. 보수주의자들은 신약 성경 시대에 최고조에 달했던 믿음과 순수를 잃어버렸다고 애통해 한다. 개신교의 주류 교파들은 조직적인 통일로 양측을 공존시키려고 애쓰고 있다. 그러나 양측은 가벼운 인사 이상으로 서로 가깝게 공존할 수 없다. 그런 통일은 요한복음 17장에서 말한 것처럼 성부와 성자와 성령이 하나 되신 것같이 서로 '하나가 되는 것'이 아니다.

교회는 의심할 바 없이 동성 연애자들을 목사로 임명하는 문제로부터 복음과 사회적인 책임을 논하는 문제까지 모든 쟁점들로 흔들리고 있다. 예수 세미나(Jesus Seminar)에서 예수님께서 헬라적인 지식인이었는지 혁명을 꿈꾸는 농부였는지 하나님의 아들이었는지 합의점을 찾지 못하고 분열하게 된 한 교회는 실제적으로 참된 통일을 향유할 수 없다.

문제는 그 교회가 시대에 뒤떨어진 집단인가 아닌가에 있다. 많은 지역 교회들은 이런 궁지에 몰리지 않으려고 기본적으로는 회중의 수준을 따라 움직이고 지역적으로나 전국적으로나 세계적으로 다른 자매 교회들과 연루되지 않도록 노력한다.

이것은 그들이 어둠 속에서 홀로 떨어져 있다는 것을 의미하며 또한 하나님께서 그리스도의 몸을 위해 준비하신 복을 스스로 차버린다는 것을 의미한다.

그러면 오늘날의 제도적인 교회는 불필요한 퇴화 기관으로 남을 것인가? 교회를 시대 착오적인 것으로 여길 것인가? 우리는 분파 그룹들의 확산에 일조할 것인가? 교리를 바꿔 신학적인 통일성을 배제하고 조직의 통합을 지향하는 단일체를 구성하는 방향으로 움직일 것인가? 이것은 어려운 문제들이다. 교회를 설명하는 것과 교회를 개혁하는 것은 전혀 별개의 일이다.

타협할 수 없는 조건들

　스스로 '복음적'이라고 말하는 교회들은 성공적인 정화의 모델로 제시했던 16세기의 종교 개혁을 내세우며 이런 문제들에 답하고자 한다. 종교 개혁자들은 로마 가톨릭 안에서 개혁을 위해 애쓰다가 거기에서 분리해 나왔다. 그러나 거기에는 몇 가지 타협할 수 없는 쟁점들이 있었다. 그들은 다음 사실을 믿지 않으면 참된 교회가 아니라고 말했다.

- 의롭다 하심은 오직 믿음으로 말미암아 오직 은혜로만 이루어진다(sola gratia, solus fide). 오직 은혜를 통해 오직 믿음으로만 의롭다 하심을 받는다는 사실을 거부하는 것은 복음을 거부하는 것이며 교회로서 타락하는 것이다.
- 성경은 교리적인 문제에서 유일한 권위다(sola Scriptura). 성경은 하나님의 직접 계시다. 오직 성경만이 크리스천의 양심을 규제한다.

　칭의에 대한 루터의 논쟁 뒤에 숨어 있는 형식적인 원칙은 우리의 노력 뒤에 숨어 있는 원칙과 같다. 그것은 권위의 문제다. 루터의 대답은 1521년 4월 18일 보름스 의회(Diet of Worms)에서 "오직 성경(sola Scriptura)"이라는 웅변적인 표현으로 나타났다. 루터는 "나의 양심은 하나님의 말씀에 예속되어 있다"고 말했다. 종교 개혁자들은 성경을 논할 때 영감과 해석과 정전(正典)의 자격에 대해 아무리 의견을 달리하더라도, 그들은 지배적인 권위가 사도의 가르침에 있다는 데에는 일치했다. 종교 개혁은 'Ad fontes, 즉 전거(典據)로(to the sources)'라는 외침을 가져왔다. 신약 성경 교회는 교회 재건의 전형이 되었다.

오늘날 종교 개혁자들의 피와 땀과 눈물의 결과는 명백하다. 미국에서만 신약 성경의 전형을 따른다고 주장하는 개신교 교파들이 2천 개가 넘는다. 분명히 어떤 이들은 중요한 점들을 놓치고 있다. 해석상의 문제에서 약간의 견해차가 있다. 일부 영역들에 대해 신약 성경은 침묵하거나 오늘날의 상황에 맞추기 위해 성경에서 필요한 원칙들을 추론해내야만 한다. 그러나 이러한 요인들만 신학적이며 교회적인 혼돈에 책임이 있는 것은 아니다. 오히려 우리는 적어도 두 가지 명백한 요인들을 여기에 추가해야 한다. 첫번째는 성경에 대해 무지한 교회의 통탄스러운 상태다. 두번째는 보다 더 중요한데, 성경을 교회의 믿음과 행위의 권위로 사실상 인정하지 않는 경향이 널리 퍼져 있다는 것이다.

개신교 교회는 교황과 종교 회의의 권위를 거부했다. 현대의 상대주의적 사상가들은 성경의 권위를 거부한다. 이들은 사적인 견해의 권위만 남는다. 이런 노상에서 가능한 유일한 목적지는 교회의 혼돈뿐이다.

거룩한 에클레시아

사도신경이 교회를 거룩하고 성도가 서로 교통한다고 선언했을 때, 이 것은 구약 공동체와 신약 공동체의 범주에 그 뿌리를 두고 있는 말이다. 언약 공동체는 본질적으로 의롭다는 의미에서가 아니라 구별되거나 성별되었다는 의미에서 거룩하다. 이스라엘은 구약 성경에서 구별된 공동체로 나타난다(출 19:6, 신 10:15, 사 62:12). 신약 성경에서 이런 명령은 교회로 전가되었다(히 12:22-25, 벧전 2:5, 9, 계 5:10). 거룩하다는 말은 불경스러운 데서 구분하거나 분리한다는 구약 성경의 개념에 그 뿌리를 두고 있으며, 다양한 뉘앙스를 가지고 있다. 그러나 신약 성경의 교회는 그리스도, 곧 이스라엘의 거룩한 자 안에서 하나님과 특별한 관계를 맺기 위해 더러운 데서 구별되어야 하기 때문에 우선적으로 '거룩하다.'

신약 성경에서 교회를 가리키는 '에클레시아(ekklesia)'라는 말은 비슷한 뜻을 내포하고 있다. 문자적으로 이 말은 '부름 받은 자들'이라는 뜻이다. 에클레시아는 하나님과 특별한 관계를 맺고 중대한 하나님나라의 일을 하도록 부름 받은 자들로 구성되어 있다. 영어로 '처치(church, 교회)'는 어원적으로 헬라어 '퀴리아케(kyriache)'에서 유래한 말인데 이것은 '주께 속한 자들', 즉 퀴리오스(kyrios)라는 의미다.

교회는 구별되었다는 의미에서 '거룩할' 뿐 아니라 도덕적으로 깨끗하거나 의롭다는 의미에서 '거룩하다.' 여기에서 그리스도와의 관계나 연합은 거룩함의 기초다. 즉 교회는 그리스도와 연합되어 있고 성령님의 임재와 활동이 충만한 경우에만 거룩하다. 교회는 구속받은 공동체, 즉 신성 모독의 현장에서 나와 그리스도와 연합하기 위해 부름 받은 백성들이다. 따라서 신약 성경은 교회를 그리스도의 '몸'이나 '하나님의 백성'이나 '하나님의 집'처럼 집합적이고 유기적인 용어로 설명한다.

보이는 교회와 보이지 않는 교회

보이는 교회는 하나의 조직이나 기구다. 보이는 교회는 교적부에서 그 이름을 '볼 수 있는' 사람들로 이루어진다. 그러나 보이는 교회 안에는 보이지 않는 교회가 있다. 이것은 지하 운동이 아니다. 이 교회에는 신앙 고백이 진실하고 참으로 '그리스도 안에' 있는 자들이 있다. 보이지 않는 교회는 보이는 교회의 교적부에 이름은 없지만 실제적으로는 보이는 교회의 한 부분으로 존재하는 사람들을 포함하고 있을지 모른다.

보이는 교회와 보이지 않는 교회의 구별은 이스라엘의 언약 백성들 안에서 살았던 경건한 개인들의 자취에서 그 역사적인 뿌리를 두고 있다. 예수님께서도 좋은 씨와 함께 뿌려진 가라지의 비유에서 말씀하셨다(마 13:24-30). 어거스틴은 교회를 'corpus permixtus', 즉 '혼합된 몸'으로 규정했다. 교회는 불신자들, 즉 입술로는 예배를 드리면서 마음은 그리스도에게서 떠나 있는 자들과 신령과 진정으로 예배하는 자들을 모두 포함하고 있다. 우리는 누군가의 신앙 고백이 궁극적으로 믿을 만한지 그렇지 못한지 분간할 수 없다. 참된 크리스천의 마음은 우리에게 감지될 수 없고 오직 하나님께만 보이기 때문에 우리는 결국 '보이지 않는' 교회에 대해 말하게 된다. 진실한 믿음의 열매가 모호할 필요는 없다. 그리고 보이지 않는 교회를 말과 행동으로 좀더 잘 보이게 만드는 것이 우리의 의무다.

몸 규정하기

'참된' 교회의 문제는 불가시성(不可視性)에 국한되어 있지 않다. 참된 교회를 어떻게 규정하는가, 그리고 어떻게 발견하는가의 문제는 많은 생각을 불러일으킨다. 어떤 사람들은 감독이 있는 곳에 교회가 있다고 주장한다. 또다른 사람들은 성령님께서 계시는 곳에 교회가 있다고 주장한다. 또다른 사람들은 말씀이 참되게 전파되고 성례가 적절하게 시행되는 곳에 교회가 있다고 주장한다. 교회는 순례자적인 성격을 가지고 있기 때문에 어떤 사람들은 하나님께서 우리 시대의 일하시는 곳에서 그 교회가 얼마나 가까이 있는가에 의해 교회를 규정하려 한다. 이런 간단 명료한 대답들 가운데 어느 것도 충분해보이지 않는다. 어떤 사람은 정치 조직을, 어떤 사람은 경건을, 어떤 사람은 신학과 성례의 완전성을, 어떤 사람은 사회 참여를 강조한다. 신약 성경의 교회는 이 모든 요소를 다 가지고 있었다. 보이는 교회라고 완전한 것은 아니다. 신약 성경의 교회 자체도 자주 사도의 책망과 경고를 받았다. 그러나 우리는 교회가 어떻게 해야 하는지 신약 성경에서 그 방향을 얻을 수 있다.

교회는 질서 정연하다

신약 성경의 교회에는 질서와 정치가 분명하게 존재했다. '몸'이라는 이미지마저 교회가 복잡하게 작용하는 영적인 유기체 이상이라는 사실을 암시한다. 성령님은 질서의 영이다. 우리는 적절한 정치 형태에 대해서는 이견이 있을 수 있지만 교회 정치의 타당성에 대해서는 이의를 제기할 수 없다.

이런 교회의 정치는 하나님의 백성들로 하여금 하나님나라를 실현하도록, 곧 크리스천의 삶을 위협하는 도전들을 극복할 수 있도록 신자들을 준비시키고 깨끗하게 하는 일종의 훈련 부대를 완성하도록 인도할 것이다. 불행하게도 교회는 성령님께서 인도하시는 해결점으로 나가기보다는 자주 여러 문제들에 빠져들었다. 여러 면에서 교회의 역사는 이단과 극단주의의 이야기다. 이단은 이단을 낳고 극단주의는 또다른 극단주의의 어머니가 된다. 종종 오류를 바로잡으려다가 반대의 극단으로 넘어가기도 한다.

요즘 유행하는 자유 분방한 예배와 자기식 목회가 이런 극단을 보여준다. 특별히 역사적으로 신앙 고백이 강했던 교회들을 보면 엄격하고 때로는 독재적인 교회 정치가 크리스천의 생활의 모든 면을 통제했다. 예배는

엄한 규정들로 시행되었다. 하라 또는 하지 말라는 식의 주문이 많았다. 요즘 세대는 이런 스타일의 교회에 저항한다. 그런 교회에 율법주의나 권력 추구, 위선, 무정함 등의 잘못이 있었을지 모른다. 그래서 우리는 비성경적인 하나의 모델을 다른 것으로 대체한다. 과거에 엄한 규율과 징계 기준들을 보여주었던 교회들에서 오늘날의 교회들은 사실상 어떤 규율도 지켜지지 않고 어떤 징계도 행해지지 않는다.

오늘날 이단 재판은 상상할 수조차 없다. 대신 독창적인 신앙 표현으로 자신의 불신을 솔직하게 드러내면 찬사를 받는다. 우리는 단단히 옭아매는 신앙의 신조들로부터 주관적인 신학 다원주의로 이동하고 있다. "모든 것을 믿는 교회는 아무것도 믿지 않는다"는 말 그대로다.

교회는 열매가 있다

신약 성경이 경건과 눈에 보이는 성령의 열매를 중시한다는 것은 명백한 사실이다. 분명히 하나님의 자녀는 변화된 백성이 되도록, 망령된 세상 체제에 순응하지 말도록 부르심을 받았다. 그러면 어떤 식으로 세상 체제에 순응하지 말아야 하는가?

이것은 수도원 운동과 분리주의 운동과 현대의 '참여' 운동에서 제기되었던 쟁점이었고 역사적으로 그때마다 교회에 많은 문제를 불러일으켰다. 우리는 가난한 자들과 참정권을 박탈당한 자들에게 하나님의 사랑을 나타내기 위해 복음 전도를 포기할 수 있는가? 공립 학교나 홈 스쿨에서 언약의 책임을 다해야 하는가? 선거에서 도덕적인 문제로 투쟁할 때 평화를 실천해야 하는가? 음악을 들을 때나 주일에 일하는 직업을 선택할 때 우리는 어느 만큼 세상 체제에 저항해야 하는가?

우리는 의로운 자로서 세상과 관계를 맺도록 부르심을 받았다. 이것이

개인적인 문제에서 무엇을 의미하는지 항상 분명한 것은 아니다. 그러나 하나님께서는 기도와 말씀 연구로 이런 문제들에 대처할 수 있도록 자료 제공처를 마련하셨다. 그 제공처가 바로 교회다. 크리스천이 된다는 것은 신학자가 된다는 것, 즉 하나님과 그분의 뜻을 배우는 자가 된다는 것이다. 교회는 바른 신학을 실천하도록 신자들을 양육하는 곳이다. 신학적인 내용을 무시하고 대신 자신에 대한 이미지와 감정을 강조하는 요즘의 세태는 사도 시대 교회에는 없던 일이다.

마이클 스캇 호튼(Michael Scott Horton)은 세상이 교회보다 사상적으로 더 깊어지는 현상을 염려한다. 불신자들이 인생의 의미와 씨름하는 동안, "우리는 협의회와 집회를 더 크게 조직하느라 바쁘고 그리하여 우리는 서로에게 말을 걸고 상을 주며 최근에 인기 있는 복음 전도자들로 서로 감탄하느라 정신이 없다."[2]

위대한 지도자, 숭고한 목적

비록 우리가 패역할 때라도 하나님께서 신실하지 않으시다면, 그리고 성령님께서 음부의 권세보다 더 강하지 않으시다면 보이는 교회의 미래는 암울할 것이다. 아마 미래의 가장 큰 소망은 평신도 혁명에서 찾을 수 있을 것이다. 각 교파에 속한 지역 교회들이 영적인 깊이를 회복해가고 있다.

교회를 개혁하는 것은 힘들고 거의 불가능해보인다. 그러나 이것은 크리스천의 포기할 수 없는 의무다. 우리의 타락을 용인하지 않는 교회의 주님으로 거룩하게 변화되고 있다는 의미에서 교회는 여전히 성도들의 사귐으로 남아 있다. 우리에게는 위대한 지도자와 숭고한 목적이 있다. 배너먼의 말대로 다른 무엇보다도 교회의 목적은 "복음을 전파하여 죄인들을 구원함으로써 하나님을 영화롭게 하는 것"[3]이다.

죄를 사하여주시는 것과,
몸이 다시 사는 것과,
영원히 사는 것을
믿사옵나이다. 아멘.

I believe in...
the forgiveness of sins;
the resurrection of the body;
and the life everlasting.
Amen.

지금부터 영원까지 승리하는 자들

파머 부인 : 제 영혼이 하나님 앞에 설 때, 저는 높은 곳에 있는 다른 사람들이 손가락질하면서, "저 여자 좀 봐! 저 여자가 여기는 어떻게 올라왔을까? 저 여자의 영혼이 얼마나 더러운지 좀 보라구. 저 여자는 천국에 들어올 자격이 없어. 저 여자에게는 선한 구석이 하나도 없다구. 저 여자는 사람들을 속일 수 있다고 생각했나보지?"라고 말할까봐 두려워요.

상담자 : 천국에 있는 사람들이 당신을 정죄할 거라고 느끼시는군요?

파머 부인 : 예, 그래요. 저 높은 곳에 있는 모든 착한 사람들 … 선생님도 아시다시피 모든 성인이 저를 경멸할 거예요. 그들은 제가 불결하고 또 제 속에 선한 구석이 하나도 없다는 것을 알 테니까요. 제 어머니도 이해하지 못하실 거예요. 제가 한 일을 아시게 되면, 어머니도 저를 결코 용서하지 않으실 거예요. 아마 어머니는 저를 아는 척도 안 하실 거예요. (눈물을 글썽이며) 어머니는 너무 훌륭한 분이시기 때문에 결코 저를 이해할 수 없으실 거예요.

상담자 : 그래서 당신은 죽은 후에도 자신의 죄 때문에 다른 사람들과 떨어질 거라

고 생각하시는군요. 완전히 외톨이가 될 거라구요.

파머 부인 : 그래요, 완전히 외톨이가 될 거예요. 완전히 외톨이가.[1]

사죄, 부활, 생명. 사도 신경의 이 마지막 세 신조는 서로 밀접하게 연결돼 있다. "나는 죄를 사하여 주시는 것을 믿습니다"라는 고백은 기독교 신앙의 정수라 불릴 수 있다. 경험상 이 고백은 모든 것을 의미한다.

위의 예는 한 심리학자의 상담 내용으로, '파머 부인'은 자신의 불륜이 드러나자 자신이 '선하다'고 생각하는 사람들 앞에서 혼자가 되었다고 느끼고 있었다. 크리스천인 상담자가 그녀를 정죄하지 않을까 두려워하는 '성인들'도 사실은 죄인일 뿐이라고 말해도 상황은 크게 달라지지 않을 것이다. 그녀는 다른 존재를 언급하지 않았다. 그녀는 선하다는 그 존재 앞에서 죄를 지었고 부끄럽게 되었다. 파머 부인은 사실상 실존주의적으로 자신이 죄인인 것을 인정하고 있다. 그녀의 범죄의 대상인 그 한 분과 화목하지 않는 이상, 그녀는 부활과 영생의 약속에 전혀 마음이 끌리지 않을 것이다. 수치스러운 영원한 천국보다 지옥이 차라리 더 나을 것이다.

… 죄를 사하여 주시는 것과, 몸이 다시 사는 것과, 영원히 사는 것을 …

법과 죄

사죄라는 말은 실제적인 죄를 전제로 한다. 용서할 것이 없으면 사죄라는 말은 무의미하다. 사죄를 알기 위해서는 먼저 모든 오해와 해석의 여지가 있는 죄라는 말의 의미를 바로알아야 한다. 죄는 법에 규정된 한계를 넘어선 행위나 생각과 관련해 법적인 의미를 내포하고 있다. 이 법은 추상적인 윤리 원칙일 수도 있고 명백한 법률의 구체적인 조항일 수도 있다. 어떤 윤리 규범을 어기면 죄를 짓게 된다. 미국의 재판 과정을 보면 누군가 규정된 법을 어겼다는 고소를 받으면 그에 대해 유죄 또는 무죄를 판결받게 된다. 죄는 법과 불가분의 관계다.

죄는 집단적으로나 개인들 사이에서 아니면 내면적으로 일어날 수 있다. 파머 부인은 다소 신경병적이었을지라도 죄를 인식했다. 법령이나 법규를 위반한 사람은 원칙을 어겼을 뿐만 아니라 그 원칙의 배후에 있는 사람들을 능욕한 죄가 있다. 도덕법이 있는 곳에는 입법자나 입법자들이 있다. 보통 검사의 형사 고발은 "메사추세츠 주(州) 대(對) 존 도우 사건" 하는 식으로 시작될 것이다. 죄를 지은 사람은 자신의 인격이나 '불문' 법을 위반했을지 모른다.

궁극적으로 죄는 개인과 하나님과의 문제다. 살인은 저지른 후에도 다윗은 시편 51편 4절에서 이렇게 쓸 수 있었다. "내가 주께만 범죄하여 주의 목전에 악을 행하였사오니." 궁극적인 규범과 재판은 하나님께 있다. 여기에 연관된 관계는 창조주와 피조물 간의 언약의 관계다. 각 개인은 불가피하게 하나님과 관계를 맺고 있다. 그런 관계를 멸시하거나 심지어는 그런 관계가 있다는 사실조차 부인하는 사람도 있을지 모른다. 그러나 사람이 죽지 않는 이상 여기서 벗어날 수 없다. 이 관계는 부정적일 수도 있고 매우 소원할 수도 있다. 그러나 관계 자체는 존재한다.

하나님과 인류 사이에 존재하는 관계는 결코 중립적이지 않다. 거기에는 도덕적인 책임과 의무가 들어 있다. 창조 때 부여받은 특권적인 지위로 인해 인간은 하나님에 대해, 다른 사람들에 대해, 자기 자신에 대해, 그리고 우주에 대해 엄청나게 큰 도덕적 책임을 지게 되었다. 이런 책임에는 자연 세계와의 관계가 포함되어 있는데, 자연의 생태학적인 문제들은 도덕적인 의미를 가지고 있다. 공해는 인류와 환경을 침해할 뿐만 아니라 동물과 식물, 그리고 다른 창조 질서의 요소들을 침해한다. 그러나 가장 심각한 것은 그것이 자연의 설계자요 창조주이신 분을 침해한다는 것이다. 다른 관계들은 어떤 식으로든지 우리와 하나님과의 관계의 주권적인 영역에 연루되어 있다. 우리는 다른 사람들과 우주에 끼친 행위에 대해 하나님 앞에 책임이 있다. 일부 사람들이 신정 정치라는 개념을 매우 비성경적으로 남용해 이제는 신정 정치라는 말에 대한 평판이 바닥에 떨어졌지만, 인류는 신정 정치 또는 '신성한 법'의 틀 안에서 존재할 수밖에 없다.

신정 정치 대(對) 자율

20세기 윤리학은 항상 개인의 자유라는 문제를 중심 제목으로 삼고 있다. 자유라는 명목 아래 살인을 저질렀고 전쟁이 일어났다. 자유는 종종 자율이라는 말과 혼동된다. 자율이란 말 그대로 '자기 규율(self-law)'이라는 의미다. 자율적인 인간은 스스로 '자기 자신에 대해 법'이 되고 개인적인 행위에 대해 다른 누구에게도 책임을 묻지 않는다. 자율은 무제한의 자유를 요구한다. 니체에게 자율은 '지배자의 도덕'을 의미했다. 장 폴 사르트르(Jean-Paul Sartre)는 실존주의적 자율을 추구했다. 그러나 신이 유일신으로 존재한다면, 무책임한 자유는 결국 부도덕으로 치달을 것이다. 실천적인 수준에서 자율을 성취한다는 것은 불가능할지 모른다. 자율적인 인간들이 이루는 사회는 윤리적인 기준이라는 개념을 부조리하게 보는 무정부 상태에 이른다.

사람들이 자율을 갈망한다는 것은 분명한 사실이다. 그러나 어떤 인간도 자율적으로 살지 못한다. 우리의 환경은 창조를 받고 통치를 받는 우주다. 행글라이더나 낙하산 없이 절벽에서 뛰어내려보면 사람이 중력의 법칙에 대해 자율적인지 아닌지 단박에 알게 될 것이다. 오직 물리학의 법칙을 인정하고 거기에 순응할 때만 인간은 추락하지 않고 비상하는 자유를 누리게 될 것이다. 인정하든 그렇지 않든 간에, 우리는 하나님의 법 아래 신정 정치 아래 살고 있다. 자율을 추구하려는 욕망과 하나님의 법에 복종해야 하는 의무 사이의 갈등이 인간 곤경의 뿌리다. 뱀은 아담과 하와에게 "하나님과 같이 되리라"(창 3:5)라고 약속했다. 창세기 3장은 자율을 추구하고 하나님의 통치에 반항하려는 인간의 욕망이 타락의 근본 동기임을 보여준다. 모든 인간의 죄는 불순종하려는 심정에 그 뿌리를 두고 있다.

이것이 성경이 말하는 '죄' 다. 파머 부인은 죄가 자신의 둘레에 장벽을 세운다는 사실을 깨달았다. 그녀는 진정한 인간성을 더이상 경험하지 못했다. 죄의 무시무시한 잠재력이 그녀의 인생을 황폐하게 만들었다. 죄의 해악은 단순히 법을 침해하는 것뿐만 아니라 위법한 당사자를 포함해 다른 사람들을 침해한다. 내가 다른 사람에게 죄를 지으면, 나는 그 사람에게 상처를 줄 뿐만 아니라 나 자신도 손상시키며 하나님께도 욕을 돌리게 된다. 우리는 죄를 '유한성' 이나 '불확실한 실존' 이나 '심리적인 노이로제' 등으로 설명할 수 있겠지만, 이런 완곡 어법으로 죄가 초래하는 해악의 심각성을 완화시킬 수는 없다.

성경에서 죄라는 말은 문자적으로 '표적을 맞추지 못했다' 는 의미다. 빗나간 표적은 하나님 의의 표준이다. 신정 정치는 하나님께서 재판관으로 일하신다는 의미뿐만 아니라 하나님께서 재판의 표준을 정하셨다는 것을 의미하기도 한다. 윤리 기준을 정하는 것은 인간의 권한 밖의 일이다.

오히려 이러한 기준은 주어지는 것이고 그것을 지킬 의무를 갖게 된다. 완전한 행위와 사고의 궁극적인 기준에 따라, 우리는 무언가를 윤리적으로 '선하다' 거나 '악하다' 고 규정하게 된다. 성경적으로 볼 때 이런 기준은 인간의 입법의 문제가 아니다. 우리가 신성한 의의 기준을 충족하지 못하면 죄를 범하는 것이다.

죄와 죄의식

죄와 죄의식의 결정적인 차이를 이해하는 것은 중요하다. 죄는 객관적인 것, 곧 감정에 별로 의존하지 않는 현상을 가리킨다. 죄의식은 주관적인 것, 인간의 감정 세계 안에서 일어나는 것을 가리킨다. 죄의식은 상황에 따른 현실에 정확하게 부합할 수도 있고 그렇지 않을 수도 있다. 사람은 어떤 죄를 짓고서도 그것을 죄라고 '느끼지' 않을 수 있다. 또 사람은 죄를 '느끼면서도' 사실은 죄를 지은 일이 없을 수 있다. 루이스 B. 스메데스(Lewis B. Smedes)는 어거스틴이 스스로를 "마음이 비뚤어지고 비열하며 오염돼 있고 부패한 사람"으로 여겼다고 진술했다. 헤르만 괴링(Hermann Goering)은 자신의 범죄 행위에 대한 증언을 끝까지 듣고나서 언젠가 자신을 기리는 기념비가 세워질 거라고 말했다. 스메데스는 우리에게 너무 조급하게 자신이 깨달은 무가치함이나 '수치' 를 부정하려 하지 말라고 충고한다. "우리가 흠이 있는 사람이라고 느낀다면, 그것은 실제로 흠이 있기 때문일 것이다. 우리의 수치심은 자신이 되고자 했던 그런 사람이 아니라는 고통스러운 신호일 것이며 따라서 치유될 수 있는 첫번째 가능성이 될 것이다."[2]

물론 스메데스는 모든 수치심이 진실하거나 치유에 이르거나 선한 것은 아니라는 것을 알고 있다. 수치심은 거절당할 것을 두려워하는 심정이다.

그리고 우리는 우주의 주, 그럴 이유가 없는데도 거절을 자초하셨던 분께 용납받을 기회를 가지고 있다. 인간 관계에서나 하나님과의 관계에서 수치심을 해결할 방도는 은혜다. 수치심을 해결할 가장 간단한 방도는 만사가 어떻든지 간에 우리가 가장 용납받을 필요가 있는 분의 은혜로 용납받은 사실을 발견하는 것이다."[3]

스메데스는 우리에게 미묘한 균형을 제시한다. 수치심이 실제적인 죄에서 비롯되었을 때 수치심의 징후만을 다룬다면 돌이킬 수 없는 해악을 초래하게 된다. 합리적인 사고와 용서의 차이는 후자가 죄를 치유하고자 하는 데 반해 전자는 죄를 부인하려 한다는 데 있다. 이 둘을 혼동한 최악의 예가 '크리스천 사이언스(Christian Science)'*인데, 여기서는 몸의 증상이 실제 병을 나타내는 고통은 실재와 다를 수 있다는 사실을 부인한다. 우리는 더 나은 것을 알고 있다.

죄와 양심

"양심을 안내자로 삼으라"는 유명한 격언이 있다. 이런 철학은 신약 성경보다는 오히려 스포츠 정신과 더 관계가 있다. 양심을 윤리적인 행위로 판단하는 최고의 기준으로 삼는다면 이것은 미묘한 형태의 주관주의적 자율과 연관된 것이다. 양심은 감정의 정도에 따라 우리를 비난하기도 하고 변명하기도 할 것이다. 그러나 이것은 궁극적인 의의 표준이 될 수 없다. 죄를 반복적으로 짓는 '전문적인' 범죄자들은 아무 양심의 가책도 없이 흉악한 일을 저지를 수 있다. 괴링이 그런 지점에 도달해 있었다. 지나치

---

*1886년에 미국에서 Mary Baker Eddy가 조직한 신흥 종교. 약을 쓰지 않고 신앙의 힘으로 병을 고치는 정신 요법을 특징으로 한다.

게 예민한 사람이 그릇된 율법주의에 세뇌되면 잘못이 아닌 것을 잘못으로 생각하게 된다.

둔감한 양심과 과민한 양심은 둘다 윤리성을 왜곡시킨다. 무감각한 양심은 자기 절제의 빗장을 풀어 죄를 더욱 양산한다. 그러나 윤리적으로 중립적인 특정한 행동을 악하다고 생각하면서 그런 일을 행하는 율법주의자의 행위 또한 죄를 양산한다. 그런 사람은 틀림없이 하나님의 생각에 관심이 없는 것을 드러내게 된다. 카드 게임을 죄라고 단호하게 가르치는 환경에서 자라 (나는 그것이 죄가 아니라고 강력하게 주장한다) 그것을 죄라고 믿는 사람이 카드 게임을 하게 되었다면, 그것은 하나님께 반역하는 것이다. 그 사람의 죄는 카드 게임을 했다는 데 있는 것이 아니라, 양심을 거스르고 하나님께서 원하시는 바를 무시했다는 데 있다.

성경은 양심을 궁극적인 의의 기준으로 여기지 않지만 그것을 하찮게 여기지도 않는다. 크리스천은 지식이 있고 거룩한 양심을 가지라는 교훈을 받는다(딤전 1:5, 히 9:14, 벧전 3:16, 21). 윤리적인 행위에 대해 적절한 길잡이가 되기 위해 육신의 생각은 성령님으로 변화를 받고 하나님의 말씀에 따라야 한다.

죄를 깨우쳐주시는 성령님과 죄를 고소하는 사단

하나님께서는 우리 죄를 깨닫게 하시려고 성령님 안에서 우리 삶으로 들어오신다. 오직 하나님만이 우리의 양심을 자극하는 것은 아니기 때문에, 우리는 죄에 대한 참된 회개와 거짓 회개를 구분하는 데 각별한 주의를 기울여야 한다. 우리는 윤리적인 상황에서 사단의 활동을 과소 평가해서는 안 된다. 전통적으로 크리스천의 삶에서 사단의 활동은 유혹과 연관되어 있다. 참으로 그 악한 자는 유혹자로 자신을 나타낸다. 그러나 사단은 또한 '고소자'로도 불린다. 가장 두려운 공격 가운데 하나는 우리의 적이 사죄로 인해 우리의 소유가 된 평안을 몰래 손상시키는 것이다. 사단은 하나님께서 용서하셨고 잊어버리신 과거의 죄를 생각나게 한다. 사단은 우리에게 그 개인적인 죄가 개인적인 죄값을 요구하며, 따라서 그리스도의 십자가 죽음이 충분하지 않았다고 확신시키려 한다. 이런 고소의 힘은 우리 신앙의 중심을 공격한다. 우리 양심이 "나는 죄를 사하여주시는 것을 믿습니다"라는 고백을 확신할 때보다 그리스도 안에 있는 우리의 신분에 더 결정적인 요인은 없다.

성령님께서 죄를 깨닫게 하시는 것과 사단의 고소를 우리는 어떻게 구분할 수 있는가? 이것은 항상 쉽지만은 않다. 고린도후서 11장 14절에서 바울은 이렇게 썼다. "사단도 자기를 광명의 천사로 가장하나니." 성령님께서는 죄를 깨닫게 하실 때 겸손하고 의지하는 심정으로 우리를 하나님께 인도하지 결코 절망으로 이끌지 않으신다. 이것이 하나의 단서가 될 수 있다. 성령님께서는 우리를 고민스럽게 하거나 당혹스럽게 하거나 고통스럽게 하신다. 그러나 죄를 깨닫게 하시는 성령님의 능력은 그리스도가 구속하신 것을 훼손하지 않으신다. 사단은 잔혹하다. 사단은 맹목적인 두려움으로 우리를 마비시키려고 한다. 그런 사악한 공격에 대항해 바울은 이렇게 부르짖었다. "누가 능히 하나님의 택하신 자들을 송사하리요 의롭다 하신 이는 하나님이시니 누가 정죄하리요"(롬 8:33). 바울의 확신은 그리스도의 공로와 하나님의 사죄의 약속에 근거를 두고 있다. 바울이라면 사단에게 고소를 그만두라고 할 것이다.

그러나 우리에게는 자기 기만의 소질이 있기 때문에 성령님의 깨우치심과 사단의 고소를 구분하는 유일하고 확실한 기준은 성경의 기준이다. 하나님의 말씀에서 우리는 하나님에 대해, 사단에 대해, 실제적인 죄에 대해, 실제적인 사죄에 대해 충분히 배우기 때문에 참과 거짓을 구분할 수 있다.

사죄와 사죄받은 느낌

앞에서 우리는 실제적인 죄와 죄의식의 차이를 살펴보았다. 이와 유사하게 실제적인 사죄와 사죄받은 느낌을 구분해야 한다. 오늘날 많은 크리스천은 감각적인 신앙을 가지고 있다. 그들은 오르락내리락하는 감정의 기복을 탄다. 크리스천은 감정이 없으면 안 된다. 우리의 신앙은 가장 열렬한 신앙이다. 그러나 그리스도의 진리는 실제에 근거를 두고 있지, 진리에 대한 우리의 감정에 의존하지 않는다.

실제와 감정의 문제는 우리가 사죄에 대해 말할 때 특히 중요하다. 다시 한번 객관적인 것과 주관적인 것의 구분이 필요하다. 하나님의 실제적인 사죄는 하나님의 선언에 근거를 두고 있다. 하나님께서 어떤 사람을 사죄한다고 선언하시면 그는 사죄를 받는다. 판사가 자비를 베풀고 사면을 허락해 죄에 대한 형벌을 면제해주면 피고는 실제로 사면을 받는다. 그는 사면받은 사실을 느끼지 못할 수도 있다. 그는 여전히 죄를 느낄지 모른다. 그리고 사실 그는 유죄다. 그는 자신의 죄에 대한 대가를 치르고 싶어할지도 모른다. 그러나 이런 감정도 객관적인 상황 곧 사면이 선언된 상황을 바꾸지 못한다.

크리스천이 사죄를 확신하는 근거는 하나님의 언약에 있다. 신약 성경은 명확하게 말한다. "만일 우리가 우리 죄를 자백하면 저는 미쁘시고 의로우사 우리 죄를 사하시며 모든 불의에서 우리를 깨끗케 하실 것이요"

(요일 1:9). 성경은 우리 하나님께서 용서하시는 하나님이라고 거듭 확증한다. 사죄의 확신은 하나님께서 당신이 말씀한 것을 작정하시고 당신이 하겠다고 말한 것을 실제로 이행하신다는 믿음에 바탕을 두고 있다. 죄를 고백하며 용서를 구할 때 하나님께서 죄를 사해주겠다고 선언하셨으면, 우리가 고백한 죄는 실제로 사해졌다고 확신할 수 있다.

감정은 이런 실제에 즉시 따라오지 않을 수도 있다. 은혜로 말미암아 믿음으로 의롭다 하심을 받은 사실을 실감하는 것은 어렵다. 우리는 지적으로 교리를 이해하고 십자가의 의미를 어느 정도 파악할 수 있다. 그러나 여전히 이런 큰 은혜를 받은 것은 느끼지 못할 수 있다. 이것은 놀라운 일이다. 우리의 죄값은 이미 지불되었고 받아야 했던 심판은 십자가 위에서 시행되었다. 이것은 충격적인 일이다. 그리스도의 속죄에 우리가 더하거나 뺄 것이 전혀 없다는 사실을 우리는 매일 상기해야 한다. 우리가 그리스도의 의를 가지고 있다면 무엇이 우리에게 더 필요하단 말인가? 우리의 사죄는 우리의 능력이 아니라 그리스도의 능력에 근거를 두고 있다.

그러나 우리는 반드시 사죄받은 사실을 느껴야 한다. 그래서 실제적으로 따라오는 평안을 느끼는 것보다 더 복된 일은 없다. 은혜를 경험하는 것은 말할 수 없는 기쁨을 아는 것이다. 실제적인 죄에 대한 실제적인 사죄는 크리스천을 찬송과 감사와 경배로 이끈다. 우리는 고행을 위해서가 아니라 감사하는 마음 때문에 선을 행한다. 예수님께서는 빚을 탕감받은 두 사람 가운데 누가 더 은혜 베푼 자를 사랑하겠느냐고 물으면서 이런 유형의 반응을 가르치셨다. 예수님 질문에 대한 답은 '많이 탕감받은 자'(눅 7:42-43)다. 사죄와 사랑이 비례한다는 사실은 크리스천으로서 하나님의 은혜가 어느 정도까지 이르는가를 더 깊이 깨닫도록 이끌 것이다.

사죄받은 느낌과 무죄한 느낌 사이의 차이를 알기 때문에 감사는 더욱

크다. 사죄받은 후의 평안과 무죄 상태의 평안은 느낌이 비슷할지 모른다. 그러나 사죄는 무죄의 선언이 아니다. 무죄하다면 사죄받을 이유가 없다. 우리는 무죄한 것처럼 대우를 받는다. 그러나 실제적인 사죄는 실제적인 죄를 전제로 한 것이다.

사죄와 회개

사죄는 십자가를 통해 세상 사람들에게 자동적으로 부여되지 않았다. 하나님께서는 전제 조건을 두셨다. 우리는 회개로 이끄는 성경의 부르심을 진지하게 받아들여야 한다. 이러한 부르심은 초대가 아니다. 하나님께서는 "어디든지 사람을 다 명하사 회개하라"(행 17:30)고 하셨다. 회개는 선택이 아니라 필수다. 신약 성경에서 회개라는 말은 미묘한 차이를 가진 여러 의미로 쓰인다. 문자적으로 회개는 '마음의 변화'를 뜻한다. 여기에는 새로운 관점에서 사물을 평가하고 합리적인 사고에서 벗어나 죄를 바라보는 것이 포함된다. 또 여기에는 통회하는 심령으로 죄를 버리는 것이 포함된다.

통회와 후회

역사적으로 회개와 사죄의 문제에서 통회와 후회는 큰 논쟁거리였다.[4] 후회는 먼저 형벌에 대한 두려움에서 나온 '회개'다. 후회는 지옥에서 벗어날 방책으로, 그리고 두려운 진노에서 벗어나기 위해 하나님의 자비에 매달린다. 통회는 하나님께 범죄한 것을 진심으로 슬퍼하는 것이다. 신약 성경은 하나님의 사죄를 받기 위해 통회하라고 요구한다. 시편 51편은 참된 통회의 심정을 가장 잘 예시하고 있다. 다윗은 이렇게 부르짖었다.

나의 죄악을 말갛게 씻기시며

나의 죄를 깨끗이 제하소서

대저 나는 내 죄과를 아오니

내 죄가 항상 내 앞에 있나이다

내가 주께만 범죄하여

주의 목전에 악을 행하였사오니

주께서 말씀하실 때에 의로우시다 하고

판단하실 때에 순전하시다 하리이다(2-4절).

여기에는 죄의 고백이 분명히 나타나 있다. 저자는 자신의 죄를 과소 평가하거나 자신에 대한 하나님의 심판의 권세를 약화시키려는 시도를 전혀 하지 않는다. 그는 다음과 같은 선언으로 결론을 맺는다.

주는 제사를 즐겨 아니하시나니

그렇지 않으면 내가 드렸을 것이라

주는 번제를 기뻐 아니하시나이다

하나님의 구하시는 제사는 상한 심령이라

하나님이여 상하고 통회하는 마음을

주께서 멸시치 아니하시리이다(16-17절).

참으로 하나님께서는 상한 심령을 멸시하지 아니하신다. 하나님께서는 통회하는 심령에 대해 사죄를 베푸신다.

값싼 은혜

본회퍼(Dietrich Bonhoeffer)는 '값싼 은혜'에 대해 많은 글을 남겼다. 사죄는 종종 단순한 말로 인식된다. 어떤 사람들은 회개 여부와 상관없이 하나님께서 모든 사람에게 자동적으로 은혜를 베푸신다고 믿는다. 사죄에 대한 이런 시각은 신약 성경을 크게 왜곡한 것이다. 이것은 염치없이 하나님의 사죄를 우리의 당연한 권리처럼 요구하는 것보다 더 악하다. 이것은 은혜를 하찮게 만들 뿐만 아니라 무가치하게 만든다. '자동적인' 은혜는 은혜의 본질, 곧 회개한 자들에게 하나님께서 임의로 자비를 베푸시는 사실을 간과하고 있다.

사죄가 유효하다는 선언은 교회의 사명의 핵심을 이룬다. 사죄의 공표는 죄의 실재를 아는 이들에게 복된 소식이다. 그러나 하나님의 선의를 전달하는 일에만 급급한 나머지 진실하고 정직하게 회개하라는 성경의 부르심을 결코 모호하게 해서는 안 된다.

해방과 구원

본회퍼는 세속화된 독일 교회와 악전 고투를 벌였는데 이미 독일 교회는 그리스도 안에서 많은 값을 치르고 베풀어주신 하나님의 구원에 대해 기본적인 신뢰마저 버린 채 듣기 좋고 편한 복음을 따라가고 있었다. 결국 독일의 크리스천들은 아돌프 히틀러가 추진한 국가 사회주의 운동의 약속과 위협에 저항할 수 있는 강인한 신앙을 갖추지 못했다.

더 최근의 동향은 다른 극단으로 기울고 있다. 1960년대 초에 시작된

다양한 형태의 해방 신학은 그 모든 것을 구원과 정의를 위한 정치 활동으로 여겼다. 이것은 특히 중남미나 인종 차별 정책과 투쟁을 벌였던 남아프리카에서 두드러졌고 북미 지역에서는 흑인 신학으로 알려졌다.

구스타보 구티에레즈(Gustavo Gutierrez)는 「해방 신학(A Theology of Liberation)」에서 해방 신학의 목적을 이렇게 규정한다. "그것은 현재의 불공평한 상황을 바로잡기 위해 또한 지금과는 달리 더 자유롭고 더 인간적인 사회를 만들기 위해 힘을 합쳐 노력한 체험에서 비롯된 신학적인 반성이다."[5] 신학자 위르겐 몰트만(Jurgen Moltmann)의 신학에 따르면 구티에레즈는 신학을 역사적인 '관습'에 대한 반성, 곧 매일 사회적 정치적인 현실 생활에 대한 반성으로 바라본다. 역사적인 관습이 변하는 것처럼 신학도 변한다. 구원, 하나님나라, 믿음과 같은 용어들은 역사적인 상황과 함께 변한다. 성경에서나 오늘날이나 그런 용어들을 구성하는 내용은 문화적인 정황에서 나오는 것이지 하나님께로부터 나오는 것이 아니다. 사회에 대한 비판적인 반성이 변하는 것처럼 신학도 변한다. "결국 신학이 규명한 의미를 바르게 해석하는 것은 오직 역사적인 관습 속에서 이루어진다 … 여기에 복음에 대한 정치적인 해석이 있다."[6] 이때 신학은 사회에 대해 말하는 상징적인 방식이다. 구원은 이제 더이상 죄나 믿음이나 칭의와 직접적인 관계가 없고 정치적인 해방을 의미할 뿐이다.

후안 루이스 세군도(Juan Luis Segundo)와 구티에레즈와 카르멜로 알베즈(Carmelo Alvez)와 에밀리오 카스트로(Emilio Castro)와 호세 미구에스 보니노(Jose Miguez Bonino) 같은 로마 가톨릭 해방 신학자들을 생각할 때 당혹스러운 것은 그들의 불만에 정당한 측면이 있기 때문이다. 보수적인 복음주의 신학은 빈곤과 교회의 사회적 역할이라는 사회 정의 문제를 제대로 다루지 못했다. 독재 정권들은 자신들의 목적을 위한 도구로 교회를 이용해왔다. 그러나 그들의 성경 비평은 받아들이기 어렵고 또한 복음에 대한 그들의 생각에 현대 사상이 너무나 큰 영향을 끼쳤기 때문에 아마도 목회 전선에서 함께 있기도 어려울 것이다. 그들은 성경을 혁명적인 무용담으로, 구원을 사회 경제적 해방을 위한 투쟁으로 격하시키는 경향이 있다.

구티에레즈는 이제 모든 사람이 그리스도 안에 참여한다는 보편 구원론을 시작해 오로지 구원의 역사적인 형식, 곧 새로운 사회를 건설하는 데 전력하고 있다. 하비 콘(Harvie Conn)은 "구원은 경제적, 정치적 해방으로, 그리스도론은 이웃에 대한 사랑으로, 종말론은 정치학으로, 교회는 인본주의로, 성례는 인간적인 유대로 변형되고 있다"[7]고 말한다.

최근 몇 년 동안 해방 신학에 속한 일부 사람들은 뒤로 물러나 자신들의 사상을 심화시키고 있다. 라틴 아메리카의 중심을 차지하기 위해 경쟁하는 종교 세력들을 연구한 1995년의 논문에서 보니노는 정통 복음주의자로 자신을 나타내려 했다. 그러나 보니노의 신학은 여전히 위험해보인다. 그리고 그는 학대받는 자들에게 관심을 가지는 하나님나라를 추구하면서 개인 구원을 경시한다. 그는 여전히 몰트만의 자유주의 신학과 바르트의 변증법을 포기하지 않는다.[8]

그나마 다행스러운 것은 1990년대에 이르러 대부분 자유주의자들의 저술에서 귀에 거슬리는 틀에 박힌 변증법적 마르크스주의가 나타나지 않는다는 사실이다. 자유주의자들의 후원을 받은 산디니스타(Sandinista)*가 의미 있는 정의를 구현하는 데 실패함으로써 기독교와 마르크스주의를 동일시했던 많은 사람들은 환멸에 빠졌다. 그러나 전체적으로 성경을 존중

---

*1979년 소모사 정권을 무너뜨린 니카라과의 민족 해방 전선의 일원

하는 크리스천들은 겸손하고 신중하게 해방 신학에 귀를 기울여야 한다. 그런 운동의 위험성은 구원에 대한 기독교적 관점을 주장하지만, 실제로는 그리스도를 믿음으로 말미암아 죄에서 구원을 받아야 할 필요성은 전혀 내세우지 않는다는 것이다.

영원한 생명에 이르는 부활

우리는 인간의 영적인 측면을 자랑하고 지적인 능력을 드높이며 영혼의 독특성을 기뻐할지 모른다. 그러나 인간 존재의 측면이 우리 육신의 생명이 죽어서 뻣뻣하게 될 현실을 부인할 수는 없다.

현상학자는 인간의 몸이 자아와 세상의 접촉점이거나 이행점이라고 지혜롭게 지적했다. 마르크스주의자는 인간의 몸을 경제력으로 바라보았다. 정신병 학자는 몸과 정신 사이의 긴밀한 관계를 알고 있다. 의사는 질병과 통증이 인간의 상황과 복지에 악영향을 끼친다는 현실을 알고 있다. 운동선수는 체조의 기쁨을 알고 있다. 결혼한 사람은 인간적인 사랑을 서로 나눌 때 성관계가 중요하다는 사실을 알고 있다.

우리 모두는 몸이라는 환경 속에서 살고 있다. 그러나 모든 인간의 몸은 쇠퇴와 붕괴를 앞두고 있으며 잉태되고 태어난다. 몸은 장성하고 변화를 겪는다. 몸은 노화되고 빠르게 죽음을 향해 달려간다. 죽음을 '최후의 적'(고전 15:26)이라 부르는 것은 인정할 수 없는 과장법이 아니다. 우리가 죽는 것은 사소한 일이 아니다. 실존주의자들은 죽음이라는 현실이 우리의 실존에 무엇을 의미하는지에 대해 많은 이야기를 한다. 존재가 사라질 상황에 처한 사람들에게 공통적으로 나타나는 불안을 다룬 책들도 있다.

장례식은 우리가 죽음을 동반한 두려운 현실에서 아무것도 할 수 없다는 사실을 보여준다.

바로 이런 딜레마에 대해 기독교 신앙은 명쾌하고도 의미 있게 답한다. 이것은 사랑하는 사람들을 그저 '그리워하면서' 살아간다는 단순한 논리가 아니다. 이것은 숭고한 장례식이나 장대한 무덤이 아니며 위로도 아니다. 우리는 기념비가 아니라 생명을 원한다. 신약 성경은 소망을 말하면서 어디에서도 사실상 이론뿐인 유추를 호소하지 않는다. 유충은 나비가 되는 도중에 변태를 겪기 때문에, 우리의 마지막 운명이 죽은 나비의 운명보다 조금 더 나을 것이라는 보장은 없다. 크리스천은 사후 세계에 대한 통찰력 있는 견해를 듣기 위해 영매를 찾아가지 않는다.

사도들의 교훈 가운데 가장 놀라운 메시지는 나사렛 예수가 죽은 자 가운데서 부활하셨다는 것이었다. 이 부활은 단절된 사건으로 보이지 않았다. 교회는 부활의 사건과 부활하신 이가 이어지는 언약에 따라 죽음에 대한 승리를 소망한다.

부활과 불멸

많은 사람들이 부활이라는 기독교 개념과 불멸이라는 헬라식 관념(특히 플라톤이 명백하게 표현한 관념)을 혼동한다. 이 둘은 동의어가 아니다. 둘 다 죽음 이후의 생명에 연속성이 있다고 주장한다. 그러나 여기에는 큰 차이가 있다. 불멸이라는 헬라식 관념은 영혼의 불멸성에 의지해 영원한 생명을 소망한다. 영혼은 항상 있어왔기 때문에 앞으로도 계속 있을 것이다. 영혼은 출생 이전부터 존재했고 몸이 사라진 이후에도 계속 존재할 것이다. 영혼은 자체가 본질적으로 영원하고 비물질적이며 멸망당할 수 없다. 헬라인들에게 몸은 영혼의 감옥이다. 영혼이 포획자로부터 해방되면 비로소 구속도 완성된다.

인간에 대한 성경 교리는 그런 이교적인 불멸의 개념을 포함하지 않는다. 영혼은 창조되었다. 본질적으로 영혼은 창조하고 보존하시는 하나님의 능력에서 벗어나 자존하지 못한다. 성경은 영혼이 죽은 후에도 중간 시기의 존재로 살아 있다고 가르치지만, 이것이 크리스천의 영생의 소망을 속속들이 규명한 것은 아니다. 헬라인들은 몸으로부터의 구속을 바라보지만 신약 성경은 몸을 포함한 구속을 바라본다. 크리스천들은 단순히 영혼의 생명의 연장 뿐만 아니라 육신의 부활을 바란다.

부활의 몸이 어떤 본질을 취하겠는가 하는 것은 논쟁의 주제다. 분명히 부활한 몸은 물리적인 이생의 몸과 같지 않을 것이다. 그러나 변함없는 유사점들도 있을 것이다. 우리는 부활한 그리스도의 몸에 대해 계시를 받았기 때문에 이 문제에 대해 상당한 지식을 가지고 있다. 우리는 예수님께서 눈에 보이셨고 음식을 드셨으며 친구들과 이야기를 나누셨다는 사실을 알고 있다. 누가복음 24장 36절과 요한복음 20장 19-20절, 26절을 어떻게 해석하는가에 따라 예수님께서는 다락방의 닫힌 문을 통과하셨을 수도 있고 그렇지 않으셨을 수도 있다.

도마가 실제로 그렇게 했는지는 기록이 없지만, 예수님께서는 도마에게 몸의 상처를 만져보라고 하셨다 (요 20:27-28). 마리아는 동산에서 부활하신 그리스도를 즉시 알아보지 못했다 (요 20:10-18). 그런 혼동은 마리아의 비통한 감정 상태 때문이었을까, 아니면 예수님의 외모에 본질적인 차이가 있었기 때문이었을까? 엠마오로 가던 제자들도 동행하시는 분이 예수님인 것을 깨닫지 못했다 (눅 24:13-35).

부활하신 예수님의 몸이 어떻든지 그리고 지금 어떠하든지 그것은 우리 자신의 부활의 상태의 전형이 된다. 요한은 이렇게 썼다. "사랑하는 자들아 우리가 지금은 하나님의 자녀라 장래에 어떻게 될 것은 아직 나타나지 아니하였으나 그가 나타내심이 되면 우리가 그와 같을 줄을 아는 것은 그의 계신 그대로 볼 것을 인함이니"(요일 3:2). 사도 바울은 고린도 교인들에게 부활을 가르치면서 이 문제에 대해 빛을 던져주었다. "우리가 흙에 속한 자의 형상을 입은 것같이 또한 하늘에 속한 자의 형상을 입으리라"(고전 15:49). 바울은 하늘에 속한 형체와 땅에 속한 형체는 말할 것도 없고 지상의 존재 양태에 따라 여러 종류의 동물들이 있다고 주장했다. 그는 이렇게 결론지었다.

> 죽은 자의 부활도 이와 같으니 썩을 것으로 심고 썩지 아니할 것으로 다시 살며 욕된 것으로 심고 영광스러운 것으로 다시 살며 약한 것으로 심고 강한 것으로 다시 살며 육의 몸으로 심고 신령한 몸으로 다시 사나니(42-44절).

여기서 부활의 몸은 죽을 몸과 4가지 면에서 대조적이다. 하나는 썩을 것이고 다른 하나는 썩지 않을 것이다. 하나는 욕된 것이고 다른 하나는 영광스러운 것이다. 하나는 약한 것이고 다른 하나는 강한 것이다. 하나는 육의 몸이고 다른 하나는 신령한 몸이다.

육의 몸 대(對) 영의 몸? 세상에 있는 (또는 세상 밖에 있는) 것은 '신령한 몸'인가? 우리는 영혼과 육체를 정반대의 대상으로 바라보는 것에 익숙하다. 우리는 물질과 비물질, 연장과 비연장, 물체와 에너지라는 개념으로 생각한다. 분명히 바울은 이런 식으로 생각하지 않았다. 문맥을 볼 때 바울은 어떤 식으로든지 지상의 다른 형체들과 유사점이 있는 실제적인 몸, 그러나 질적으로나 존재론적으로 다른 몸에 대해 말하고 있다.

우리는 '신령한 몸'의 본질이 정확히 무엇인지 듣지 못했다. 바울은 장래의 몸의 상태를 묘사할 때 경험적인 분석으로는 알 수 없게 설명했다. 그러나 하나님께서 백성들에게 새로운 몸, 현재의 상태보다 우수한 몸을 입혀주실 것이라는 약속은 남아 있다. 우리는 영혼과 육체가 분리된 채 영원히 머무르지 않을 것이다.

영과 육의 이분법

많은 면에서 바울은 헬라적인 영과 육의 이분법에 지대한 영향을 받았던 것으로 보인다. 에베소서 6장과 같은 구절들에서, 바울은 크리스천의 삶을 영과 육의 투쟁으로 설명한다. 그런데 이것은 인간의 육체적인 생활을 부정한다는 의미로 종종 오해를 받아왔다.

신약 성경이 몸과 육이라는 말을 어떤 용례로 썼는지 알게 된다면 이런 오해는 일부 풀릴 수 있을 것이다. 헬라어로는 서로 다른 뜻의 두 단어인데 영어로는 몸(body)이라는 말로 똑같이 번역되는 용어들이 있다. '소마(soma)'는 영어에 편입되어 자주 '정신신체상관(psychosomatic)'이라는 말로 사용된다. 소마는 인간의 물질적이고 신체적인 측면을 말한다. 정신신체증은 정신적인 장애로 인한 질병인데 실제적인 신체 증상으로 나타난다.

소마의 의미는 파악하기 어렵다. 그러나 그것과 짝을 이루는 사르크(sarx)라는 말의 의미는 더 까다롭다. 이 단어도 몸이나 육이라는 말로 번역될 수 있다. 그러나 이것이 항상 생활의 육체적인 영역을 구체적으로 언급하는 것은 아니다. 특히 바울이 육(sarx)의 반대 개념으로 영이라는 단어를 썼을 때, 그는 이것을 상징적인 뜻으로 사용한 것이다. 바울은 질적으로 서로 다른 생활 양식 사이에서 벌어지는 투쟁을 묘사한다. 성령님의 인도를 받으면서 사는 경건하고 신령한 사람의 생활 양식은 본성적이고 세속적인 인생 목표와 행동을 드러내는 사람의 생활 양식과 대조를 이룬다. 이것은 정신과 육체의 투쟁이나 영적인 측면들과 신체적인 측면들의 투쟁이 아니다. 전후 문맥에서 '세속적인 것' 또는 '육에 속한 것'은 부정적인 생활의 특성을 가리킨다. 그러므로 여기서는 정신과 육체, 영적인 측면들과 신체적인 측면들을 모두 더럽다고 설명한 것이다.

성경은 물질적인 것들에 본질적으로 부정적인 가치가 붙어 있다고 인정하지 않는다. 하나님께서는 물질 세계를 창조하셨고 거기에 복을 주셨으며 그것을 '좋다'고 말씀하셨다. 구약과 신약의 약속들은 물질적인 복을 포함하고 있다. 이것을 이해하지 못하면 교회는 복음 메시지를 왜곡하게 된다. 플라톤의 사상에 영향을 받아 교회는 종종 물질적인 것들의 가치를 격하시킨다. 그리하여 우리는 만물에 대해, 육체적인 기쁨의 필요성에 대해, 성관계에 대해, 창조 질서의 아름답고 선한 다른 면들에 대해 부정적인 견해를 갖게 되었다. 물질 세계는 하나님으로 말미암아 창조되었고 장차 하나님으로 말미암아 구속받게 될 것이다.

우리는 하늘과 땅의 파괴를 바라는 것이 아니라 하늘과 땅의 혁신, 곧 새 하늘과 새 땅을 바라는 것이다. 거기서 하나님의 창조 세계는 소멸하지 않고 구속함을 받을 것이다.

각주

1장 내면적 고백인가, 외면적 고백인가?

1. 사도 바울은 성경 여러 구절에서, 예를 들어 로마서 6장 4절, 고린도후서 5장 14-16절, 갈라디아서 6장 14-15절, 에베소서 2장 10절, 15절, 골로새서 3장 9-10절 등에서 새 생명을 설명하고 있다. 바울이 이 새로운 피조물을 얼마나 근본적인 변화로 믿었는지 알려면 로마서 8장을 보라.
2. "회당에 더러운 귀신 들린 사람이 있어 크게 소리질러 가로되 아 나사렛 예수여 우리가 당신과 무슨 상관이 있나이까 우리를 멸하러 왔나이까 나는 당신이 누구인 줄 아노니 하나님의 거룩한 자니이다 예수께서 꾸짖어 가라사대 잠잠하고 그 사람에게서 나오라 하시니 귀신이 그 사람을 무리 중에 넘어뜨리고 나오되 그 사람은 상하지 아니한지라" (눅 4:33-35, 눅 8:28 비교).
3. 시편 1편 2절, 16편 3절, 35편 9절, 37편 4절, 43편 4절, 111편 2절, 112편 1절, 119편 16절, 24절, 35절, 47절, 70절, 77절, 92절, 143절, 174절을 보라.

제2장 하나님에 대하여 말하기

1. Enneads 6.9.3-4.
2. Herman Melville, Moby Dick(New York : Oxford University Press, 1955), p.161.
3. Martin Luther, The Bondage of the Will, trans.(Westwood, N.J. : Revell, 1957), pp.66-68.
4. Emil Brunner, The Christian Doctrine of God : Dogmatics : I(London :

Lutterworth, 1958), p.123.
5. Helmut Gollwitzer, The Existence of God as Confessed by Faith(Philadelphia : Westminster, 1965), p.153.

제3장 영적인 유전적 특질

1. 신약 성경이 brotherhood의 의미를 어떻게 다루는지 좀더 자세하게 검토하려면 von Soden "Adelphos" in Kittel, Theological Dictionary of the New Testament(Grand Rapids : Eerdmans, 1985)을 보라.
2. Geerhardus Vos, Biblical Theology(Grand Rapids : Eerdmans, 1948), p. 96.

제4장 혼돈과 존엄성에 대하여

1. Edward J. Carnell, An Introduction to Christian Apologetics(Grand Rapids : Eerdmans, 1948), p. 22.
2. Herbert W. Richardson, Toward an American Theology(New York : Harper & Row, 1967), p. 123.
3. 앞의 책.

제5장 예수, 그는 누구인가

1. 그토록 심한 혹평을 받은 Paul C. McGlasson의 견해들은 그의 책 Another Gospel : A Confrontation with Liberation Theology(Grand Rapids : Baker, 1994)에서 볼 수 있다. 루돌프 불트만 이전의 연구자가 쓴 유사한 책이 학술 연구와 출판과 신약 성경의 학문 경향들을 잘 간파하고 있다. Eta Linnemann, Historical Criticism of the

Bible(Grand Rapids : Baker, 1990)을 보라.
2. Norval Geldenhuys, Commentary on the Gospel of Luke, The New International Commentary on the New Testament(Grand Rapids : Eerdmans, 1951)을 보라.
3. Oscar Cullmann, The Christology of the New Testament(Philadelphia : Westminster, 1959), p. 182.
4. 앞의 책, pp.166ff.
5. Karl Barth, Church Dogmatics, vol. 4(Edinburgh : T. & T. Clark, 1956), pp.230ff.
6. Cullmann, Christology, p.161.
7. Paul M. van Buren, The Secular Meaning of the Gospel(New York : Macmillan, 1963), p.48.
8. Cullmann, Christology, p.199.
9. 앞의 책, p.200.

제6장 논쟁 위에 선 동정녀

1. Oscar Cullmann, Salvation in History(New York : Harper & Row, 1967)와 John Warwick Montgomery, History and Christianity(Downers Grove, Ill. : InterVarsity, 1964).

제7장 나를 위해 고난 받으시는 종

1. G. C. Berkouwer, The Work of Christ(Grand Rapids : Eerdmans, 1952), pp.166ff.
2. 그런 언약들은 왕을 확인하는 전문(前文)과 군신 관계의 역사를 간략하게 적은 역사적인 서언(序言)과 계약 조건들을 포함하고 있었다. 계약 조건들에는 상세한 의무 사항

들, 신전에 공탁금을 내고 정기적으로 공개 낭독해야 한다는 규정, 증인으로 삼은 신들의 목록, 언약을 지켰을 때 받을 복과 그것을 어겼을 때 받을 저주, 의례적인 맹세, 비준 의식 등이 포함되어 있었다.

3. George E. Mendenhall, Law and Covenant in Israel and the Ancient Near East(Pittsburgh, Pa. : Biblical Colloquium, 1955)와 Meredith Kline, By Oath Consigned(Grand Rapids : Eerdmans, 1968)을 보라.
4. Hans Küng, Justification(New York : Nelson, 1964) p. 149.
5. Berkouwer, Work of Christ, p.182.

제8장 무덤

1. Hans Wermer Bartsch가 편집한 Rudolf Bultmann, Kerygma and Myth(New York : Harper & Row, 1961), pp. 3-5.
2. 사해 사본의 연구로 크리스천들은 신약 성경을 이해하고 변호하는 일에 도약의 기회를 얻었다. 쿰란 공동체의 비밀 서고에서는 실제 1세기 때의 신약 성경도 파편이지만 일부 발견되었다. 파피루스학과 고문서학의 방법론을 활용하여 Jose O'Callahan은 그 파편들을 마가복음 4장, 6장, 12장(AD 50년), 사도행전 27장(AD 60+년), 로마서 5장과 디모데전서 3장과 베드로후서 1장과 야고보서 1장(모두 AD 70+년)으로 확인했고 연대를 측정했다. 이 파편들의 일부는 크기가 너무 작아 분명하게 확인할 수 없는 실정이다. 그러나 적어도 일부는 위의 본문들임이 명백하다. 이 파편들은 신약 성경이 예수님을 직접 알고 있던 세대에서 나온 것임을 강력하게 증명하는 것이다.
3. Clark H. Pinnock이 Biblical Revelation(Chicago : Moody, 1971)에서 이 문제에 대해 논한 것을 참고하라. 특히 '신앙주의자들'(fideists: 종교적 진리는 이성이 아니라 믿음에 의해서만 파악된다고 주장하는 사람들 - 역자 주)에 대해 다룬 부분을 참고하라(pp. 38ff.)
4. 불트만과의 논쟁의 중심에는 Judeo-Christian의 역사에 대한 접근법의 문제가 있다. 불트만은 자주 실제 역사의 단계에서 구속을 빼버리기 때문에, 그의 접근법에 종종 신

플라톤주의나 신불가지론이라는 꼬리표가 붙는 것은 당연하다.
5. 고린도전서 15장에 나오는 부활에 대한 바울의 논법과 신의 존재에 대한 칸트의 윤리론를 비교하면 흥미로울 것이다. 칸트는 의미 있는 윤리학을 위해 무엇이 필요한가를 실천적인 입장에서 논한다. 바울도 은연 중에 이것을 논하지만, 그는 칸트를 뛰어넘어서 실천적인 필요보다는 오히려 역사에 대한 자신의 믿음을 근본적으로 규명한다.

제9장 우리를 위해, 그곳에

1. 요한은 그리스도의 강림과 그리스도의 승천을 구별할 때 이런 개념을 확대해 보여준다. Johannes Schneider's treatment of this under 'Baino' in Kittel, Theological Dictionary of the New Testament을 보라.
2. John Murray, Principles of Conduct(Grand Rapids : Eerdmans, 1957)을 보라.

제10장 미래 신학

1. 특히 Christ and Time(New York : Gordon Press, 1977)와 Salvation in History (New York : Harper & Row, 1967)을 참고하라.

제11장 안으로, 앞으로, 위로

1. Andrew Murray, The Spirit of Christ, rev. ed.(Minneapolis : Bethany House, 1983).
2. Abraham Kuyper, The Work of the Holy Spirit(Grand Rapids: Eerdmans, 1956), p. 6.
3. Walther Eichrodt, Theology of the Old Testament, vol. 2(London : SCM, 1967),

pp. 46ff.
4. Jonathan Edwards, The Works of President Edwards, vol. 3(New York : Carter, 1879), p. 303.

제12장 강력한 군대인가, 오합지졸인가?

1. James Bannerman, The Church of Christ, vol. 1(Carlisle, Pa. : The Banner of Truth Trust, 1960), pp. 19ff.
2. Michael Horton, Putting Amazing Back into Grace(Grand Rapids : Baker, 1994), p. 24.
3. Bannerman의 The Church of Christ, 1:59.

제13장 지금부터 영원까지 승리하는 자들

1. Leroy Aden and David G. Banner, eds., Counseling and the Human Predicament : A Study of Sin, Guilt, and Forgiveness(Grand Rapids : Baker, 1989), p.108.
2. Lewis B. Smedes, Shame and Grace : Healing the Shame We Don't Deserve(New York : HarperCollins, 1993), p.31.
3. 앞의 책, p. 60.
4. 이 문제는 고해 성사라는 로마 가톨릭의 성례와 관련해 종교 개혁 시대에 있었던 논쟁과 특히 관련된다. 이 문제를 충분히 논하려면 좀더 광범위한 신학적인 논의가 필요하겠으므로 여기서 다루는 것은 무리일 것이다.
5. Gustavo Gutierrez, A Theology of Liberation(Maryknoll, N.Y. : Orbis, 1988), p.xiii.
6. 앞의 책, pp. 10-11, p. 54도 참고하라.

7. Harvie M. Conn, "The Mission of the Church" in Carl Armerding, ed., Evangelicals and Liberation(Nutley, N.J. : Presbyterian & Reformed, 1977), p.82.
8. Jose Miguez Bonino, Faces of Latin American Protestantism(1995년 스페인판, Grand Rapids : Eerdmans, 1997 영어 번역판). 특히 pp. 108-27을 참고하라.

좋은 씨앗은 하나님의 말씀입니다.
이 말씀이 좋은 마음밭에 떨어져 하나님의 나라가 땅끝까지 확장되고, 예수 그리스도를 본받아 그 향기를 품은 성령의 사람들이 세상에 넘쳐나길 기대합니다. 그래서 백 배, 육십 배, 삼십 배의 결실을 맺기를 소망합니다(마 13:18). 천국은 좋은 씨를 제 밭에 뿌린 사람과 같기 때문입니다.
〈좋은씨앗〉은 이와 같은 소망과 기대를 품고 하나님께 출판 사역으로 쓰임 받기를 기도합니다.

〈좋은씨앗〉은 이렇게 일하고 있습니다

1. 경건한 마음과 능력으로 책을 만듭니다.
책을 만드는 모든 과정에서 예수님을 기획자로 모시고 기도로 준비하며, 성령님의 인도하심에 따라 일합니다.

2. 출판 사역으로 복음을 전합니다.
예수님의 말씀을 배우고 가르치고 삶에 적용하는 데 도움이 되는 책을 만들어 하나님의 나라를 확장합니다.

3. 신앙의 성장과 성숙을 돕는 책을 펴냅니다.
예수님을 본받아 칭찬 듣는 믿음을 가진 이들의 삶과 신앙을 책으로 소개하고, 참믿음을 요구하는 경건한 목소리를 책으로 담아냅니다.

3. 문서 선교로 해외 선교를 지원합니다.
복음을 전하기 위해 수고하고 있는 선교사들을 돕기 위해, 선교지의 언어로 신앙 서적을 번역하고 출간하는 문서 선교에 힘씁니다.

4. 이웃 사랑을 실천합니다.
어려운 이웃을 돕는 일과 영혼을 구원하는 일에 우리들의 수익금을 환원합니다.